我们一起走过

主　编　高　民

中国海洋大学出版社
·青岛·

图书在版编目(CIP)数据

我们一起走过 / 高民主编 . —青岛：中国海洋大学出版社，2016. 8
ISBN 978-7-5670-1237-0

Ⅰ. ①我… Ⅱ. ①高… Ⅲ. ①幼儿教育—文集 Ⅳ. ①G61-53

中国版本图书馆 CIP 数据核字(2016)第 216864 号

出版发行 中国海洋大学出版社
社　　址 青岛市香港东路 23 号　　　**邮政编码** 266071
出 版 人 杨立敏
网　　址 http://www.ouc-press.com
电子信箱 2586345806@qq.com
订购电话 0532－82032573（传真）
责任编辑 矫恒鹏　　　**电　　话** 0532－85902349
印　　制 山东大众报业集团半岛传媒股份有限公司
版　　次 2017 年 2 月第 1 版
印　　次 2017 年 2 月第 1 次印刷
成品尺寸 170 mm × 230 mm
印　　张 14
字　　数 212 千
印　　数 1—2 000
定　　价 39. 00 元

编 委 会

文化引领　特色发展

虽然我没去过青岛市市南区教育第五幼儿园,但对该园的领导和老师比较熟悉,因为他们每年都参加我们研究会组织的全国和谐杯“说指南说教材”大赛,每次都取得优异的成绩。我与高民园长也有近20年的友谊。我在山东济南的一所大学工作时,高园长还是一所小学的校长,她带领老师们积极参加我主持的省级和国家级“和谐教育”实验课题。后来我到天津工作后,她也调到了幼儿园工作,她又把和谐教育实验带到了幼儿园,并成为该园的办园特色。

一个幼儿园的发展一般要经过三个阶段:标准化阶段、特色化阶段、品牌化阶段。所谓标准化阶段,是地方政府在一定时期根据社会经济的发展对幼儿园提出的规范要求,这种标准更多地是在硬件方面的投入,如园所的建设、师资队伍的配备等。但一所幼儿园达到标准化之后能否办出特色,就体现了园长的办园思想和全体老师的智慧。社会对人才的要求是多元的,所以幼儿园也要办出与众不同的特色。当一所幼儿园在特色建设方面赢得社会和家长的认可,就会形成自己的品牌。品牌的建设内涵靠质量,外显靠特色。

青岛市市南区教育第五幼儿园在高园长的领导下,以“和谐教育”为核心价值理念,分别从几个方面进行园所文化的建设。在环境文化建设方面,他们通过“走廊文化”,体现和谐教育五大课程观;通过橱窗文化,彰显和谐团队核心凝聚力;通过墙面文化,呈现科学研究课程特色。在班级文化建设方面，他们基本实现了“一班一品牌”，每个班都形成了自己的特色，如民间艺术、海洋科技、自然环保等。在家园文化建设方面，他们用爱心、尽心、热心、真心“四心”构建和谐班级，评选和谐家长，建立家长学校讲师团、家长安全志愿者团队，形成家园文化的精神纽带。在团队文化建设方面，他们开辟了“幸福小站”，开展幸福教师“五个一”工程，开展“与健康相约，做幸福教师”等丰富多彩的活动，全面提升教师的幸福指数。在传统文化的学习方面，他们经常举办大型经典诵读展演活动，提升了幼儿的道德修养，充实了和谐教育文化底蕴。

文化的引领，促进了该园特色的发展，目前他们已经形成三大特色。

特色一：构建情绪管理特色课程。他们开展了“笑一个吧”“我有开心法宝”“快乐你我他”各年龄段阶梯式特色主题活动，开发了情绪管理特色课程。班级中创设情绪管理角，为幼儿提供情绪管理绘本，在出气筒游戏、绿色心情驿站等游戏活动中，幼儿园营造出温馨、和谐的精神环境。

特色二：初步形成科学研究特色。在和谐教育课程理念引领下，以问题研究为导向，本着“事必有法，然后可成”的决心，充分发挥园长课程领导力，依托专家、科学领域组的专项研究和整体推进，逐步突破了课程研究的瓶颈，初步形成了科学课程研究特色。

特色三：编制感统操，让一日活动各环节具有教育内涵。他们以幼儿发展为本，将一日活动作为幼儿素质发展的主渠道，该园组织教师参与感统培训，并依据感统理念和幼儿身心发展规律，编制了动动操、手指操和醒目操。感统操让一日生活各环节赋予了教育意义，让幼儿一日生活更加有序、规范，幼儿在充实、有趣的活动中得到全面和谐的发展。

幼儿园的教育是人生的启蒙阶段，在幼儿时期形成的习惯和文化底色，会影响终生的发展。所以青岛市市南区教育第五幼儿园的领导和老师们深感责任的重大，他们要带领全体幼儿跑好人生接力的第一棒，为幼儿的良好发展奠基。他们在文化引领、特色发展方面的经验值得别的幼儿园学习。

王敏勤

2016年9月

目录
CONTENTS

我爱我家

我们一起走过

为孩子插上飞翔的翅膀

我爱我家

幼儿园的教育是为所有在园幼儿的健康成长服务的。

创新优品质　内涵促发展

高　民

规划是个人或单位制定的比较全面长远的发展计划，是对未来整体性、长期性、基本性问题的思考和考量，设计未来整套行动的方案，是融合多要素、多人士看法的某一特定领域的发展愿景。办园规划是根据办园宗旨及园本之所需而制定的有效、翔实的发展计划，具有形成办园特色、优化保教质量的功效，从而达到提升办园品质，助推内涵发展的目的。

在2012～2015年幼儿园三年发展规划实施过程中，我园形成了清晰的办园宗旨、办园理念和“诗润稚童，和谐发展”的核心文化。以提升教师素养为核心，努力打造师德高尚、业务精湛的教师队伍；以《指南》《规程》为引领，完善和谐教育课程方案；以科研兴园、特色扬园为宗旨，树立了园所品牌，使保教质量和办园品质得到提升，获得了较高的社会美誉度。

一、自评推动发展，整改优化提升

我园紧紧把握“依法办园，提升品质”的工作实质，根据督导室《青岛市中小学（幼儿园）办学水平发展性督导评估方案》的通知，高度重视，严格按照自评工作程序，成立了自评工作领导小组，召开全体教职工大会，传达通知精神，明确自评意义和价值。采取自下而上的方式，开展教师自评工作，依据目标自我诊断、自我反思、自我改进，在此基础上形成幼儿园三年发展规划终结性自评报告。

在三年发展规划落实过程中，我园稳扎稳打，一步一个脚印扎实推进工作，依据自评建议逐年进行有效地整改落实。在第一年规划落实过程中，面对场地小、班额大等问题，将园所建设作为重点，通过配、建、扩、修、收等多种途径着力改善办园条件，总投入26万元，扩增面积130平方米，扩建1个班级，扩增幼儿26名，使现有资源发挥最大效益，幼儿园面貌得到了极大改善。在规划落实的第二年中，我园调整领导班子，最大限度地发挥集体智慧，形成了团结、开放的工作环境。关注幼儿园发展的顶层设计，规范管理、服务一线、各尽所能，在卫生专项督导中获得好评。在规划落实第三年，我园秉承“传承＋创新”的工作思路，以打造和谐文化为重点，注重细节管理、完善工作流程；以深化课程建设为核心，不断优化保教工作；以“培养和谐发展的社会人”为培养目标，促进幼儿全面和谐发展，从而使办园质量获得稳步提升。

二、规划引领工作，达成发展目标

（一）优化管理，打造和谐品牌的三个着力点

着力点之一：加强制度建设，完善和谐管理机制

规章制度是幼儿园实现依法治园、科学管理的重要保障。伴随着《指南》《规程》等文件的相继落地，为进一步规范幼儿园管理，本着“以人为本、文化为魂”的原则，我园于2015年进行了第五次规章制度的修订和调整。通过召开启动会，回顾总结；举办座谈会，听取意见；建立项目组，修订完善；召开教代会，发挥民主的“四步走”方式，最终形成了第五套《幼儿园制度管理手册》。汇编了幼儿园文化、职责与规范、各类制度、流程化标准和评价量表六大内容，其中增补24条，废除17条。制度的完善以保障幼儿权利，保证每个幼儿健康成长为立足点，使其真正成为实现幼儿园发展目标的“助推剂”。

着力点之二：推进信息技术，互联网＋助力现代化建设

我园充分利用互联网信息传播，资源共享特征，打造两个平台：一是开通了微信订阅号和微信企业号，二是建立了智慧校园平台和教研网络云平台，开发了学园助手、教学研究、家庭教育、微网站、时光机等八大工具。为全面提高信息化水平，先后开展了“利用网络平台，搭建家园之桥”家长公

益课堂和“提升教师信息化水平”专题培训。目前，微信公众号共推送信息48篇，微信企业号教学资源36篇。“互联网+”有效实现了各类资源共享、辅助教育教学、家园实时沟通、高效办公的目的。

着力点之三：打造文化建设，塑造和谐教育品牌

为进一步落实《规程》和《指南》精神，提升文化品位，我园全面启动了“和谐文化品牌工程”。营造和谐环境文化：走廊文化，体现和谐教育五大课程观；橱窗文化，彰显和谐团队核心凝聚力；墙面文化，呈现科学研究课程特色。挖掘和谐文化内涵：实现“一班一品”，班级民间艺术、海洋科技、自然环保等特色；凸显“家园文化”，用爱心、尽心、热心、真心“四心”构建和谐班级，评选和谐家长，建立家长学校讲师团，家长安全志愿者团队，形成家园文化的精神纽带；构筑“团队文化”，开辟“幸福小站”，开展幸福教师“五个一”工程，“与健康相约，做幸福教师”等丰富多彩的活动，全面提升教师的幸福指数；创新“和谐园报”，每季度出一期园报，汇集幼儿园特色发展的各类信息，扩大园所宣传；弘扬“传统文化”，在传承传统节日教育活动的基础上，幼儿园形成了“和美文化日”，举办了七场大型经典诵读展演，提升了幼儿的道德修养，丰实了和谐教育文化底蕴。

（二）量身定制，搭建教师成长的四个阶梯

第一阶梯：以项目引领为着眼点，实施分层研究

针对不同层面教师的发展需求，成立新教师组团发展项目、青蓝工程拉手项目、领域组专题项目。针对青年教师经验不足的现状，采取园长思想上引领，骨干教师心理上疏导、业务干部教学上指导的引领策略，搭建优课模拟、案例分析、分享学习故事、技能比赛等平台。加强新教师的职业道德修养，提升青年教师的教学基本功，促进全体教师的专业发展。三年来，2名新教师获区“教育新秀”称号，1名新教师获青岛市“优秀团员”称号，1名新教师获区优质课一等奖，多名新教师获区公开课、研究课机会。多名骨干教师参加公开课、研究课。其中新教师组团发展项目被征集在《市南区项目流程标准化》一书中发表。

第二阶梯：以多元培训为着眼点，筑就园本研修平台

我园以教师发展为本，构建了“五式培训模式”：即以教师需求为基点开展菜单式培训，以教科研共融开展一体式培训，以专家引领开展专题式培训，以技能提升为抓手开展靶向式培训，以园际互动为目的的合作式培训。三年期间，共派教师到北京、上海、南京、厦门等10个城市外出培训30余人次，培训率达100%。聘请各学科、各领域专家，教研员等对教师进行广泛培训，教师们的自我培训、共同研究的能力不断加强，为教师自主发展蓄力。在“全国和谐杯说指南说教材”大赛中，获得优秀组织奖，1名教师获一等奖，6名教师获二等奖。

第三阶梯：以教学展示为着眼点，历练教师整体队伍

我园以提升教师素养为核心，给教师搭建了自我展示和分享交流的平台，先后组织“教学研究总结会”“教师一人一课展示”“课程基地园展示”“半日活动开放”等。多维度、多领域的研究活动，全方位展示了和谐团队风采和教学研究历程。在市南区课程基地园开放活动中，1名教师参加市南区公开课、2名教师参加市南区研究课，并在全区进行了展示汇报。

第四阶梯：以塑造师德为着眼点，提升教师幸福指数

我园以“师德教育月”为契机，开展师德演讲、案例分析，学习故事研讨等。创建了幸福教师俱乐部，以学标准、牵小手、倡师德等系列活动为载体，先后开展“传递幸福六个一”活动，一份生日祝福、一次咖啡品尝、一段红色之旅、一场文化观影、一次深度对话，一个幸福游戏；“春之韵”教师摄影展、“翰墨书香”教师书画展、“厨艺我秀”厨艺大比拼活动，在教师中形成了良好的师德师风。园内营造了幸福工作空间，打造了一支和谐幸福教师团队。

（三）品味书香，打造书香校园的两个系列

系列一：开展读书工程，提升教师人文修养

我园组织教师根据自己的发展需求和幼儿园工作重点，有计划、有目的地开展教师读书工程，探索了“双境双促”读书模式，双境，即以点带面，创设研读环境；家园同步，拓展乐读情境。双促，即促阅读收获转化，促自

身成长发展。开展园长批阅日、读书导读日、阅读论坛日“三日”分享活动，在体验读，分享读，提升读“三读”主题活动中，激发教师读书热情，引导教师在读书中反思，在反思中提升。幼儿园获得中国教育学会书香校园称号，市南区读书实践工程进行经验交流，举办市南区幼儿园读书现场会，1名教师获得青岛市“雷夫”征文一等奖。

系列二：开展读书月，让书香浸润家庭

为了让阅读滋养幼儿心灵，营造浓厚的“书香校园”氛围，我园将4月份定为“和谐读书月”。通过特色阅读、“我是最棒的”故事大王评选、“阅读伴成长，经典润童心”青话小剧场展演、图书漂流等活动，引导幼儿与经典交朋友，激发阅读兴趣，形成良好阅读习惯。同时挖掘家长资源，开展爸爸妈妈阅读公益讲堂、亲子阅读制作、书香家庭、书香宝宝评选活动，制作阅读展牌，让书香浸润每个家庭，让阅读伴随幼儿健康快乐成长。

（四）深化课程，彰显课程研究的三个特色

特色一：构建情绪管理特色课程

在市南区开展“园长课程领导力”的大背景下，我园成立了课程研发团队和专家智囊团，制订了和谐教育五大领域特色目标，完善了和谐教育课程评价体系。构建了“笑一个吧”“我有开心法宝”“快乐你我他”各年龄段阶梯式特色主题活动，开发了情绪管理特色课程。为提升课程实施质量，开展了“教师心理健康”专题培训、情绪管理专家示范课、建立情绪管理疏导表，帮助教师、家长、幼儿进行积极情绪的引导和消极情绪的疏导。班级中创设情绪管理角，为幼儿提供情绪管理绘本，在出气筒游戏、绿色心情驿站等游戏活动中，幼儿园营造出温馨、和谐的精神环境。

特色二：初步形成科学研究特色

在和谐教育课程理念引领下，以问题研究为导向，本着“事必有法，然后可成”的决心，充分发挥园长课程领导力，依托专家、科学领域组的专项研究和整体推进，逐步突破了课程研究的瓶颈，初步形成了科学课程研究特色。

专家领航，开阔科技视野：借助专家智囊团资源，开展“学《指南》、提素养”“脑洞打开，变废为宝”“让种植区成为幼儿探索自然的乐土”等专题培训，邀请专家走进班级，指导教师动手制作科学游戏和科学实验，让教师真正体味到在亲自体验中学习科学的重要性，从而提高教师科学素养。教师创意制作科学小发明、小实验，3 名教师制作的科学游戏征集在《市南区教师自制教玩具》书籍中。

特色凸显，提升科学素养：自 2012 年以来，幼儿园连续举办三届科技节。设计评选出“和和”“奇奇”“聪聪”三届科技节吉祥物，开展了主题环保时装秀、跳蚤市场、科技游戏比赛等绚丽多彩的活动。幼儿在玩中学、做中学的过程中，观察到奇妙的科学现象，激发了幼儿的求知欲和探究兴趣，初步形成了提出问题——假设猜想——实验操作——观察记录——交流表达的科学实验方法，培养了幼儿的科学素养。2015 年，我园将科学向家庭延伸，形成了《亲子科技游戏集锦》《家庭科学游戏分享集锦》，完成《幼儿园第三届科技节》汇编，为下一步开发科学特色课程、形成科技游戏案例奠定了良好的基础。

绿色种植，走进和谐自然：为进一步凸显幼儿园科学研究特色，结合市南区“让种植区绿起来”的要求，我园以种植区为切入点，以“让幼儿园绿起来”为探究方向，采取包干认领方式，开展全园种植活动。小朋友们种植了生菜、菠菜、茄子等 30 余种蔬菜，运用 PVC 管道、轮胎、灯泡、雨鞋、海螺等材料自制种植器皿 40 种，有趣的种植激发了幼儿的观察和探究兴趣。幼儿乐此不疲地在沙土、水培、泥土等不同环境中对比种植；在大棚、追光、光合作用、虹吸现象等实验中细心观察。种植活动激发了幼儿关爱植物的生命意识，提高了自主管理意识，增强了劳动技能，养成了劳动习惯。我园开展了种植区策略交流、种植案例分享活动、幼儿种植绘本制作和征集“一班一花”等活动，并建立了本体知识资源库，为科学领域研究积累了宝贵的知识经验和物质基础。

特色三：编制感统操，让一日活动各环节具有教育内涵

以幼儿发展为本，将一日活动作为幼儿素质发展的主渠道，我园组织教师参与感统培训，并依据感统理念和幼儿身心发展规律，编制了动动操、手指操和醒目操。在过度环节伴随着舒缓的音乐和富有韵律的儿歌，幼儿

情绪愉悦，身心放松，动作协调。感统操让一日生活各环节赋予了教育意义，让幼儿一日生活更加有序、规范，幼儿在充实、有趣的活动中得到全面和谐的发展。

（五）科研兴园，提升研究内涵的两个课题

课题一："集体教育活动有效性与适宜性的研究"区级课题

秉承"课题引领发展，科研成就品质"的研究思路，2015年，全园"十二五"规划课题"集体教育活动有效性与适宜性的研究"顺利结题。幼儿园依据《纲要》与《3～6岁儿童学习与发展指南》精神，挖掘集体教学活动有效性和适宜性，提炼出"三横三纵"立体研究模式。三横：即建章立制，规范管理机制；创新流程，确保研究落实；数字化管理，便捷课题运行。三纵：即多元培训，推专业成长之门；优势互补，融团队合作之力；专项研究，搭个性发展之桥。《三横三纵，让课题春色满园》在市南区教育科学"十二五"规划课题成果交流活动中进行经验介绍，幼儿园整理了《集体教学活动适宜性与有效性教师教学策略集锦》。

课题二："和谐教育课程下软式垒球运动对促进幼儿健康、和谐、发展的研究"省级课题

2014年，山东省课题"和谐教育课程下软式垒球运动对促进幼儿健康、和谐、发展的研究"顺利开题并进行课题中期评估。我园先后建立了园长——分管干部——级部组长为主线的三级管理网络，通过广揽专家、打造骨干、惠及全员提升教师实施软式垒球运动课题的专业素养。引进软式垒球俱乐部开展spark专题培训，遵循"熟悉球性——传接软式垒球——软垒球击球——分组比赛"的步骤达成活动目标。在课题研究过程中围绕环境优化、材料优化、活动优化开展课题研究与探索，凸显了幼儿园课题研究的新境界、新亮点。2013年，我园在第四届山东省园长大会中进行《运动与快乐》软垒经验交流。2015年，我园将软式垒球游戏纳入和谐教育课程，助推园所特色纵深发展。举办了第一届"能量小象杯——我运动、我健康、我快乐"软式垒球亲子运动会，将软垒运动深入到家庭，为下一步研究奠定了基础。

（六）保教结合，探索保教管理的两个途径

途径一：建章立制，规范保育管理

近年来，我园以提高保育质量为目标，以夯实理论、锻造技能为抓手，建立了《保育员工作流程》《保育员工作管理手册》《保育员培训制度》，规范了保育管理，逐步形成了规范化、专业化保育队伍。

途径二：探索“三三”保育管理模式

我园在实践中探索了“三三”保育管理模式。三种培训，即理论培训，定向培训，实操培训；三种展示方式，即特色交流日展示，特色主题月展示，特色观摩点展示。全面规范了保育工作要求，打造保育员队伍，推动我园保育质量的不断提高，打造和谐品牌，促进和谐教育内涵发展。

三、存在问题及改进措施

（1）教师队伍是幼儿园发展的根本保障，由于我园教师队伍，教师的教育视野亟待拓宽，教师整体队伍素养亟待提升。

（2）园本课程建设虽初步形成特色，但特色尚不鲜明，课程研究有待于进一步深化。

我园将在五年发展规划中，将队伍建设和课程建设作为重点项目，秉承“科研兴园，特色扬园”的宗旨，以课题为引领，夯实课程理论根基，探索园本课程的开发和构建模式，从而深化和谐教育课程研究，全力打造特色化、信息化、国际化园所。

深化课程研究，彰显和谐特色

高　民

课程是幼儿园永恒的研究主题，《指南》中提出："实施科学的保育和教育，为幼儿的后继学习和终身发展奠定良好的素质基础，促进幼儿体、智、德、美各方面全面协调发展。"多年来，我园在美德教育课程基础上不断深化园本课程研究，本着"在继承中发展、在继承中创新"的原则，对美德教育的广度与深度重新思考与定位。2007年围绕构建"和谐教育"课程进行了实践研究，借助专家的专业引领，不断探索园本课程实施的途径与措施，以活动为载体助推课程内涵发展，实现教师、幼儿、家长等多重主体的共同发展。

一、规范课程管理，保障课程实施

（1）健全课程研究机制。课程是幼儿园教育的核心，为了贯彻落实《纲要》与《指南》精神，全面促进幼儿健康快乐地成长，我园从强化管理入手，通过废除、修订、增补三结合的方式逐步完善了课程管理制度，先后建立了《课程实施管理制度》《课程调整制度》《主题集备制度》《幼儿发展评估制度》等，细化了制度的流程与标准，建立了课程交流日、课程调整月，优化课程管理机制，保障幼儿园课程实施的科学规范。

（2）成立课程研发团队。为提高园本课程质量，把握课程发展的方向，我园建立了教研管理网络和教学研究网络，以课程领导小组为先导，重新梳理了课程框架，将《指南》中的目标融入到各年龄段中，以"和谐教育"

为核心，制定了五大领域特色目标。以课程实施小组为统领，将课程方案由原来的进度式版本调整到系统完整的目标实施方案的版本。以教师为课程实施主体，通过开展参与式研讨、新教材培训与集体备课、案例分析等，确保园本课程全面、深入的实施。

（3）加强课程常态管理。为了解园本课程实施情况，切实提高幼儿一日活动质量，幼儿园每学期开展半日活动跟班调研。由园长、专家、教研组、课题组成员实行半日活动跟班指导，以《幼儿园一日活动组织流程》和《市南区一日活动组织细则》为标准，通过一日活动各环节了解《指南》与课程的落实情况。园长根据观摩情况与教师面对面对话交流，对整个活动进行评价和指导。通过实践指导——研讨互动——总结提升三步走，使教师在观念意识与组织能力上得到了提高，切实提高我园保教质量。

（4）创新备课管理模式。备课是教学工作的基本环节，我园在实践中不断摸索有效的备课管理模式，以备课提效、教师提能、课堂提质为目标，采取三级备课的方式：即青年教师备详案，设计启发性提问，并标注教学方法；研究型教师关注小结提升，标注课程理念在过程中的渗透；老教师备简案，力求达到分层指导、循序渐进、常态提升的目的。为促进备课规范化，我园开展了“规范化备课”专题培训，并制定了相应的备课标准，从备课时间、书写要求、备课格式、教学反思、分层备课五大方面提出了具体的要求，建立《备课本审阅制度》，采取全面批阅和重点批阅相结合的方式，引导、帮助教师提高备课能力，使教师在园本课程建设中不断提升自身专业修养。

流程图：

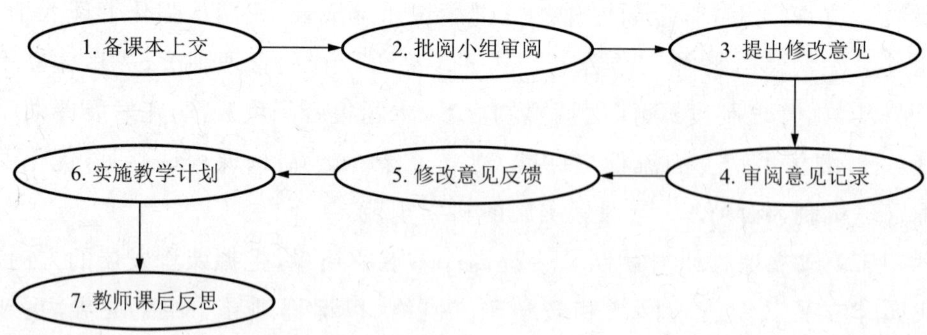

二、开展有效培训，提升课程实施能力

（1）浸润式培训，有主题，重提升。认真贯彻落实《指南》是每一位教师的根本任务，为提高园本课程实施质量，我园引进了多名专家，成立了专家智囊团，从教师需求出发，采取专家引领、自主学习、同伴合作相结合的方式，先后开展了“贯彻《指南》精神，推进园本课程的深入发展”《指南》专题讲座，“增强问题意识，夯实专业素养”趣味竞答赛，“解读幼儿行为，关注幼儿发展”案例分析等有主题的园本研训，面向新教师、骨干教师等不同层面的教师队伍进行课程理念解读，对课程框架、课程背景、课程目标、课程评价等方面进行了深入的学习，以学习促成长，进一步明确了“和谐教育，以美育人，让真善美成为幼儿成长坐标”这一核心理念，以崭新的理念作为引领，不断夯实教师的专业理论基础。

（2）课程打磨，重实践，促发展。我园以“同伴互助，合作教研”为主线，先后成立了语言、音乐、科学等领域研究小组，以“集体教育活动有效性与适宜性”研究为主题，每月开展一次“公开教学日”活动，采取同课异构的形式，充分展示教师不同的教学思想和教学风格，经过集体备课——连环跟进——反思提升的研究过程，优化教学方案和教学方法，彰显教师的教学智慧。其中小班音乐活动，歌曲《彩色世界真奇妙》；大班社会活动“原谅真好”；大班语言活动，故事《慌慌张张的莎莎》等精品案例编入幼儿园《和谐教育精品案例集锦》中，充实了课程资源库。在多年的实践基础上，我园整理出“公开教学日活动流程”，规范、科学、有效地教学实践研究为园本课程建设起到了良好的推动作用。

另外，我园还从薄弱学科入手，开展了园本课程精品活动打磨会，以科学领域为切入点，着力对教学目标、教学方法、材料提供、评价方法进行重点研究，我园两位教师以中班科学活动《沉与浮》、大班科学活动《有趣的转动》获得市南区“教育能手”称号。

流程图：

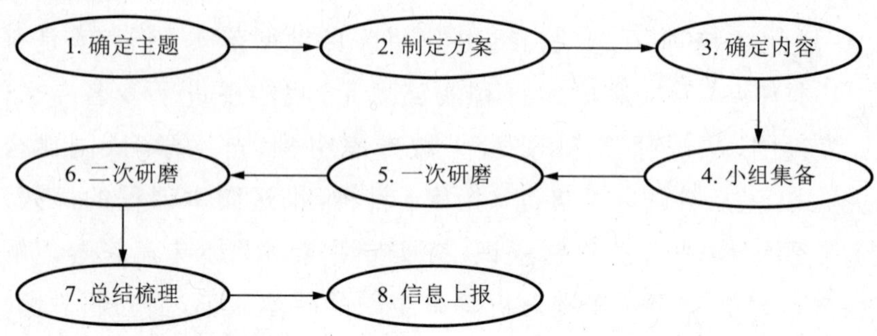

（3）分层研训，提师能，促成长。为提高全员教师的课程实施能力，我园针对师资差异开展分层培训，围绕“名师工作室”“青蓝工程”“新教师组团”等不同层次的教师队伍制定培养目标和研究计划，通过“名师送教”发挥名师的示范引领作用，每月开展两次新教师组团活动，从问题入手开展集备研讨、备课培训、案例剖析、互助听课等形式多样的教学研究，建立了《新教师个人成长档案》和《和谐教育师徒结对手册》，引领年轻教师勤于研究和反思，整体提升教师队伍的专业素养。

三、优化主题实施，促进教师专业成长

（1）研读教材，优化教学活动设计。教材是架于理论与实践之间的桥梁，我园针对教师在教学设计中出现的教材分析不到位、目标制定不合理、过程设计中缺少目标分解、活动重难点及课程渗透不突出等问题，每学期开展园本课程分析会，分年龄、分领域组织教师潜心钻研教材，通过名师精品课分析、骨干教师优课模拟、新教师集体备课等形式，加大园本课程学习和对每个教材的分析力度。围绕“如何根据目标有效设计提问”“如何科学安排活动环节”“如何制定适合的目标”“如何渗透和谐教育理念”等主题研读教材，在研究、碰撞、分享与展示过程中，解决了教育活动设计中的困惑，丰富了活动设计的思路，提升了教学指导策略，也让教师们进一步了解幼儿的实际需要，促进教学相长。

（2）主题实施，深化课程实践研究。为提高主题实施质量，我园认真开展主题实施集备活动，帮助教师理清主题脉络，梳理教学内容，整合教育

资源；在主题实施过程中围绕环境创设、过渡环节、生活活动、教育活动、区域活动开展交流评析；每个主题结束后开展课程交流会，对主题的实施进行深层次反思，为教师搭建学习与分享的平台。通过开展优秀主题评选活动、区角活动社会化研究，帮助教师挖掘有价值的活动主题和优秀案例，其中阎爱洁老师组织的主题活动“江宁会馆”在市南区进行开放展示，并获得市南区公开课展示；在市南区主题案例设计评选活动中，小班主题“彩色王国我装扮”获得一等奖，大班主题“有趣的转动”和中班主题“小小交通警”获得二等奖。

（3）优化主题，提升园本课程内涵。为使课程特色更加凸显，和谐教育课程不仅关注幼儿生理的和谐，更重要的是关注幼儿心理的和谐，即培养幼儿阳光的心态、活泼开朗的个性、关注他人的意识、乐于分享的行为等。因此我园构建了情绪管理活动，在每个年龄段增加了一个特色主题，如小班“笑一个吧”、中班“我有开心法宝”、大班“快乐你我他”。定期组织教师、家长开展情绪疏导，在班级建立了“绿色心情吧”“心情驿站”“悄悄话”等情绪管理角，提供情绪管理绘本，开展心情卡、出气筒、原谅树等小游戏，培养幼儿健全人格，促进幼儿身心和谐发展。

四、彰显课程特色，让和谐教育软着陆

在和谐教育课程的研发中，我园走过了一条不断建构——修订——完善——凸显特色的探索之路，并逐渐形成了“和谐育人，育和谐人”的课程文化，以“和”文化艺术节，科技节，家有一岗、园有一日，五幼小喇叭，家长主题月等特色活动为支撑，以环境文化、精神文化、行为文化为外延，努力打造具有“教五幼”特色的文化品牌。

（1）环境文化。为了在环境中彰显课程理念，我园从“和谐教育，从课程做起”“和谐生活，从动手做起”“和谐文化，从经典做起”三个主题入手，对园内外环境进行了整体设计和规划，建立绘本阅读区，营造温馨的阅读环境；在走廊墙面展示民间剪纸、十字绣、国学经典诗文、家园主题活动剪影、环保DIY制作等特色内容，将和谐教育的五大观念渗透在幼儿园每一个角落；建立了科学公共区，投放了丰富有趣的桌面和墙面玩具，营造了浓

厚的科学氛围。

（2）精神文化。在和谐教育课程中，我园提倡多元和谐的文化观，将《弟子规》《宋词》《三字经》与早期阅读相结合，每年开展经典诵读大型展演，每学期开展“故事大王”比赛，每月开展“读书漂流”，每天开展晨间阅读，让幼儿在看一看、讲一讲、唱一唱、演一演的过程中感受传统经典文化的熏陶。成立了“教五幼小喇叭”广播电台，每天下午定时播报发生在幼儿身边的好人好事，在发展幼儿语言表达能力的同时，激发幼儿发现美、感受美、崇尚美的美好追求。

（3）行为文化。为落实人与自然和谐这一课程观，我园借助科技节，开展吉祥物设计大赛、环保时装创意秀、科学小游戏比赛、科学讲堂、科学小制作等活动，激发幼儿科学探究兴趣，指导幼儿掌握严谨科学实验的方法，从而培养幼儿的科学素养。建立班级种植园地，带领幼儿亲近大自然，通过亲子采摘活动了解植物的生长环境和生长过程，开展动物宝宝、植物宝宝交换日，自主管理动植物，形成人与自然和谐相处的氛围，通过形式多样的活动，拓展了科学教育的途径。我园每年坚持开展家长主题月活动，通过开展家长沙龙、家长学校、公益课堂，开展有针对性的家教指导工作，不断转变家长观念，提高家长科学育儿水平。以节庆活动为契机，每月邀请家长走进幼儿园，开展国庆节、重阳节、三八妇女节、感恩节亲子活动，以丰富多彩的活动为载体，让和谐教育理念渗透到每一个家庭。

总之，在园本课程实践研究中，基于对课程理性的思考，教师们深刻体会到课程不是静态的跑道，我园会以基地园为契机不断学习、实践和总结，让教师在问题的感悟中、在研讨的交锋中得到理论与实践的全面提升，让幼儿在“和谐育人，育和谐人”的课程文化浸润下健康快乐地成长。

让孩子在区角活动中快乐地交往

金海宁

【内容摘要】区角活动是一种幼儿自由选择、自由探索、操作摆弄的自主活动，是幼儿个别化、自主化的活动方式。但是在幼儿的活动过程中我们发现幼儿对各区角的兴趣呈递减状态，幼儿交往氛围淡薄，缺乏社会功能挖掘，大大局限了幼儿在区角中社会性的发展。因此，为了让孩子能够快乐地在区角中进行游戏，我们开展了区角活动社会化的研究，更好地促进幼儿全面和谐发展，特别是社会性良好品质的发展。

【关键字】区角活动　区角活动社会化　社会性品质

区角活动是一种幼儿自由选择、自由探索、操作摆弄的自主活动，是幼儿个别化、自主化的活动方式，是教师对幼儿进行个别教育的有效途径。随着研究的不断深入，我们发现在区角研究中出现了如下状况。

1. 幼儿对区角的兴趣不够——出现“冷角现象”和“冷材料现象”

所谓“冷角现象”，即活动区设计中，有的区角虽然设置上了，但没有真正引发幼儿的兴趣，幼儿在活动中不愿光顾，无人问津，比较冷落。

所谓“冷材料现象”，即活动区设计中，有的区角虽然投放了很多材料，幼儿在活动中也光顾了这些区角，但幼儿对这些区角的有些材料不感兴趣，不去问津。

这两种现象的出现，一方面造成教育上的浪费，如空间的浪费、时间的浪费、财力的浪费等；另一方面严重阻碍了幼儿各方面的发展，特别是幼儿社会性的发展。

2. 对区角的社会功能挖掘不够——局限了幼儿的社会性发展

主要表现在把社会性区角与其他区角的界线严格划分开来，特别是在其教育功能上，单纯强调其学科、领域和主题教育目标的完成，使各类区角相对比较孤立（如图书区、益智区、美工区等），相互联系性差，幼儿交往氛围淡薄，大大局限了幼儿的社会性发展。

“百年大计，教育为本”，它强调了教育培养出的人是要为社会服务的；著名教育家陶行知主张“生活即教育，学校即社会”的教育思想，强调了教育与社会生活的密切联系。《纲要》中也指出儿童通过与环境的相互作用生成并开展活动。综上所述可以得出这样的结论：对幼儿进行社会性教育是非常重要的，对幼儿进行社会性教育是有益的、符合教育规律的、科学的、可操作的教育。我们教育所培养出来的人最终是走向社会的，通过教育促进其社会性发展，使其成为有德、有能、有识、有智等综合素养的健康社会人。在这些理论基石的引领下，我们幼儿园开展了“区角活动社会化”的研究。

所谓“区角活动社会化”，就是从社会的视角对各类区角赋予了社会的功能，对各类区角活动的主体（幼儿）赋予了一个社会角色，用社会性游戏的组织方式统整各类区角活动。在区角活动的创设中，通过幼儿所熟悉、所喜欢的某一社会角落作为切入点，将一个大社会浓缩在幼儿面前，从而增强了幼儿与这些社会化了的区角互动的兴趣，更好地促进幼儿全面和谐发展，特别是社会性良好品质的发展。

研究中，我们在区角设计和组织上主要包括这样几个方面。

1. 区角的统整

在区角活动社会化研究中，我们首先对区角进行合理的统整，从而为活动的开展做好了整体上的规划。

（1）环境的统整。即从社会的视角对班级的环境进行统整，对所有的区角从它的社会功能上给以冠名，使所有区角都成为幼儿所喜欢、所熟悉的社会设施。对所有三维空间所呈现和展示的都是幼儿所喜欢的与社会生活场所有关的内容。如：大班的棋类区角冠名为“棋苑”，图书角冠名为“书吧”；班级的墙壁和空中，布置成“劈柴院”的场景、“啤酒一条街”的场景、“小吃一条街”的场景等。

（2）时代需要的统整。所谓时代需要的统整，即区角的社会功能要与时俱进，与孩子的现实生活节奏合拍，要具有时代感。要把社会上一些幼儿所喜欢的新生的产业纳入到活动区中。将幼儿置于生活即教育、学校即社会的大背景中。如：近些年出现在幼儿生活中的阳光贝贝摄影棚、绿色咖啡吧等，都很好地体现了时代性的特征，深受幼儿喜欢。我们把这些都合理地统整到班级或公共区域，幼儿高兴地走进“贝贝摄影棚”和“咖啡吧”，可以换上漂亮的衣服，自己化妆，拿着真正的相机去照相，请自己的好朋友真正的到“咖啡吧”去“消费”一把。从而真正地拉近了幼儿学习和社会生活的距离。

（3）青岛特色的统整。所谓青岛特色的统整，即把幼儿生活中所熟悉和喜欢的青岛的地方文化特色，有针对性地统整到班级环境中来，使幼儿有身临其境之感。幼儿生活在青岛，对于青岛的环境相对熟悉和喜欢，如：青岛的劈柴院、啤酒一条街、奥帆基地等，我们有针对性地在环境中进行创设并呈现，让幼儿置身于情境中进行活动和游戏，从而很好地在这些环境中丰富了社会生活常识，陶冶热爱家乡的情感。

2. 材料的统整

在区角统整的基础上，我们加强了对材料统整的研究。材料是与幼儿直接发生作用并促进幼儿发展的载体，它将有力地制约着幼儿的活动兴趣和动机。因此，在材料的统整中，我们特别关注材料的引发性和创意性。

（1）引发性。提供不同的材料，可以引发幼儿不同的动机和兴趣，促进幼儿不同方面的发展。如在工艺坊里提供各种橡皮泥和废旧材料，引发幼儿美工创作的欲望，从而发展幼儿创造美的情感和能力。为了很好地引发幼儿的交往欲望，促进幼儿的社会性发展，以及操作能力的发展，我们在所有区角中都投放了“购物券”“记账簿”，有的区角投放了实实在在的可操作工具，如点心机、电磁炉等，这些材料可以有力地促进幼儿的兴趣，提高其社会交往能力，同时还可以提升幼儿在社会交往中的情商的发展。

（2）创意性。有创意的材料，可以激发幼儿的兴趣，提高幼儿的社会适应能力和创造力。如在阳光贝贝摄影棚，教师为幼儿提供了不同风格的服装、墨镜、帽子、花伞、手枪等富有创意的材料。幼儿在为顾客拍照时，随意搭配，拍出了很多不同的照片，如小八路、新娘子、小帅哥、老奶奶、全家福等。这种创意性的材料激发了幼儿的交往兴趣，为社会性交往奠定基础。

3. 组织形式的统整

在区角活动社会化的组织中，强调用社会性游戏的组织方式统整各类区角活动，从而增强幼儿的活动兴趣，培养幼儿良好社会性素养。如在大班开展“青岛啤酒街”活动，教师运用社会性的口吻引出活动：“今天啤酒街开业了，你想到哪儿去工作？经理对你们的员工有哪些要求？你们有什么新的产品向顾客进行推荐？下面请大家开始工作吧。”这种游戏的口吻会让孩子马上进入到角色中，愉快自主的开始活动。

另外，在研究的过程中，我们认为在区角活动社会化的开展中还应注意以下问题。

（1）注意各领域目标的平衡性。

区角活动社会化，并非只重视幼儿社会性的发展，而忽视幼儿其他各方面的发展，要给每个活动区赋予更大的、更丰富的教育价值，充分发挥它的教育作用。像大班“我上小学了”主题活动，可以投放飞行棋“我上小学了”、单线画“我心中的小学”，表演“毕业典礼”，让每个孩子在模仿社会角色过程中得到全方位的发展。

（2）注意活动中的灵活性。

区角活动社会化，对教师提出了更高的要求：教师如何将主题目标合理地在社会化了的区角中灵活有效地完成、教师如何在评价中灵活地把握多元的教育价值取舍等，需要教师在教育实践中，运用自己的正确的教育观念和丰富的教育智慧，以及灵活的教育策略加以运用。

总之，区角活动社会化是立足于幼儿社会化的教育活动，让幼儿在一种社会责任和角色意识中去选择、去合作、去协商、去表现、去体验、去分享，去实现他们自己现在的自我价值，让幼儿在区角中快乐交往，快乐发展！

教师备课的几点思考

金海宁

俗话说:“凡事预而立,不预则废。”教师上课也是一样,要想取得较好的活动效果,必须在活动前认真备好课,它是上好课的重要前提。可是在工作中我发现,很多教师不重视备课,常常用“没时间”“忙”等语气搪塞,出现“四化”问题,即备课格式缺失化、目标定位模式化、准备过程形式化、活动流程简单化的情况,备课成了教师应付我们或者上级检查的材料,备课与教学相脱节的现象依然存在。针对这些问题,我园通过“四步走策略”,即建立制度——构筑模式——重视集备——跟进评价,切实提高教师备课质量,激发教师备课的积极性和创造性,使备课真正为教学服务,提升教师教育教学能力,促进其自身专业水平的提高。

一、建立备课制度,确保备课质量

“管理上水平,制度要先行。”为了提高教师备课质量,我园先后出台了《教师备课管理制度》《备课上课制度》《集体备课制度》《集体备课流程管理制度》《批阅备课制度》等,提出在提倡个人备课前提下的集体备课制度,提出不同水平、不同年龄的教师备课的数量要求和详略要求,将备课落实情况纳入到绩效考核中,使备课管理有章可循、责任到人。特别是把备课时间进行了确定,周二、周三下午2:00～3:30的时间,班级两位教师轮流到会议室进行备课。制度的完善是教师备课实现持续性和有效性发展的重要保障,推动了教师备课的顺利开展。

二、构筑“备课模式”,优化备课内容

针对教师备课问题,我园建立了“1+*n* 备课模式”,即 1 个备课模板,*n* 个划分层次的教师备课,提高教师把握教材、优化活动的能力,激发教师备课主动性和积极性,提高备课质量。

(1) 1 个备课模板。

备课究竟备什么、怎么备?教师还不很清楚,特别是新教师。因此针对我园新教师较多的现状,我们利用园本教研和教师们共同设计了备课模板,建立《幼儿园备课手册》,里面包括教材分析、活动名称、活动内容、活动目标、活动重点、活动难点、活动准备、活动过程、活动反思 9 大环节。教师拿到这本手册,就知道应从哪些方面进行备课,做到心中有数,再也不会出现哪个环节缺失的现象了。备课模板的建立和规范,为教师备好课提供了有效支持。

(2) 划分 *n* 个层次的教师备课。

作为教师,我们都知道,幼儿之间存在个体差异,其实教师之间同样存在着个体差异,同样需要管理者给以“因材施教”。因此,在备课活动中,我们根据我园实际将教师分为三个层次:教学 20 年以上的教师可以备简案,但是坚决抵制“三步曲”;20 年以下,3 年以上的教师属于骨干教师,要求备课过程要翔实,注重活动后的反思,要对自己的教育行为乃至教育细节进行追问、审视、推敲和质疑……3 年内的新教师是我园当下重点打造的教师队伍,因此,对于他们的备课,我们不仅要求她们详备教案,而且要备教学方法的应用,要用不同颜色的笔在备课中进行标注,引导新教师懂得“教有教法”,才会在“教无定法”中“创新得法”。不同层次的教师备课避免了备课的雷同,更好地发挥了教师的自身优势,体现个性化、创造性的备课特点,真正提高了备课的实效性,推动教师专业教学水平的提升。

三、集备对接实践,促进有效备课

在教师备课过程中,我们时常会发现一些共性的问题,比如环节的设计形式较单一,缺少情感的萌发和渗透,提问语言缺少开放性,不能引发幼儿的思考,不能很好地与幼儿生活结合等问题,当这些问题集中反映在教

师备课中的时候，我们就会利用集体备课的形式，解决这些问题。俗话说："集思广益，他山之石可以攻玉。"通过集体备课，可以集中教师们的智慧，取长补短，解决备课中存在的问题，达到资源共享、共同进步的目的。在实践中，我园建立的集备流程如下。

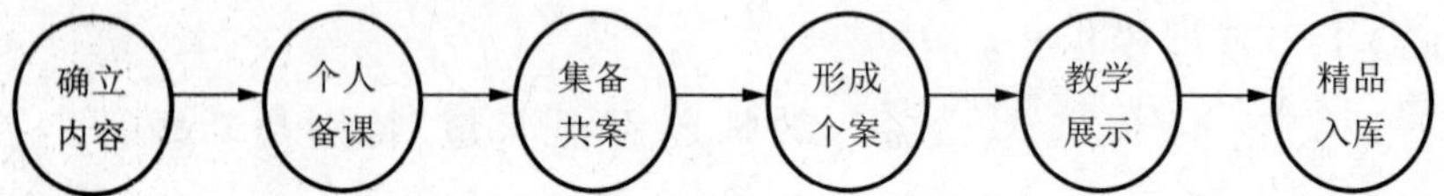

集备流程的建立，充分调动和发挥教师的群体智慧，让教师在集备中成为主动的学习者和研究者，使教师个体在研究交流、相互的思想碰撞中，将个人智慧转化为集体优势，确保备课的有效性，真正让备课过程中的每一个环节都成为教师自我发展的阶梯，成为全面提高教育活动质量的助推器，从而真正意义上促进幼儿的有效学习。

通过集体备课，能够让全体教师思维碰撞、智慧交锋，在发现问题、解决问题中，相互学习、取长补短，使教师的备课从关注教师的"教"转向幼儿的"学"，引导教师在不断地学习、修订中提高自身备课、上课能力。

四、做好跟进评价，彰显备课价值

备课的最终目的就是提高活动质量，所以充分发挥备课的价值就必须通过实践来检验，工作中我采取静态评价与动态管理相结合的方式进行跟进评价，促进备课的有效实施和执行。

（1）静态评价。这里指的是每周幼儿园对教师的备课评价，做到"两个心"，即"精心批阅、用心点评"，每周每位教师的备课后面我都会针对这位教师本周撰写的备课给予至少2条优点的表扬和1个不足的建议，让教师拿过来就能看到自己在备课中存在的优点和不足，以及下一步的调整方向。静态评价充分发挥了评价的导向激励作用，杜绝了教师备课的随意性，有效推动备课质量的提高。

（2）动态管理。即对教师的备课工作的评价不再是单一的以教案质量来评价，而是利用推门课、预约课的形式走进班级，跟踪教师的教育活动，让教师明确备课是为了上好课，而不是为了给别人看。这种动态管理的方式很好地提升备课质量，避免了备课与上课脱节的现象，使备课发挥真正的价值。

“要想课堂精彩深沉，课前必须精心预设”。教学是一门艺术，提高备课质量，不仅仅是上好活动的重要前提，也是提高教学质量的基本保证，今后我园会继续加大对备课的研究，让备课成为教师提高人文素养、提升教学质量、体现自我价值、实现专业成长的重要途径！

双境双促，让书香溢满“教五幼”

阎爱洁

为了提高我园教师的人文素养，养成“读好书，好读书”的“悦”读习惯，以良好的文化氛围达到“以书润教、以境育人”的目的，我园在区市读书实践工程的引领下，逐步探索提炼出具有园本特色的“双境双促”读书模式，并以此为抓手，推动书香文化氛围的创建，为教师搭建了实现专业发展的理想舞台。在全体教师的共同努力下，我园先后获得中国教育学会“亲子阅读，书香中国”书香校园称号和青岛市精神文明单位称号，多名教师获得市南区教学能手、教育新秀等称号，多名教师获得省市区优质课一、二等奖，撰写的论文在国家、省、市、区级刊物中发表并获奖，在帮助和引导教师树立“终身阅读”理念的基础上，丰富理论和文化内涵，让教师在有厚度的阅读中积蓄教育的力量，提高教师“悦”的心境和幸福的感悟，打造一支学习型的“教五幼”教师团队。

一、双境，悠悠书香中氤氲成长

园所氛围是一种语言，是一种传递信息的独特的交往形式，蕴含着巨大潜在的教育意义。因此，我园积极营造浓郁的读书氛围，在“双境”中让教师亲近书籍，与好书为友，与博览同行，开阔视野，陶冶情操，让书香飘逸园所，奠定厚实的人文底蕴。

1. 以点带面，创设研读环境

（1）创设教师幸福小站。

开辟教师“幸福小站”，营造良好的读书氛围。在教师“幸福小站”中张贴读书名言，建立好书交换站，让幼儿园处处见读书、处处有读书、生生皆书韵，在充溢着浓浓人文气息中打造和谐的读书文化氛围。

（2）建立阅读休闲区。

我园在装修后将门厅开辟了以“书香、书海、书境”为主题的阅读休闲区。围绕我园的和谐教育课程为幼儿提供了相应的绘本故事和经典故事相结合的故事墙；以教师创意制作的故事摆台，幼儿、家长、教师可以自由阅读，同时向大家传递了一种“崇尚阅读”的理念，也起到对幼儿耳濡目染的教育作用。

（3）好听故事我推荐——故事绘画区。

在幼儿园的外墙开辟以幼儿绘画为主的故事绘画区。大、中、小班的幼儿根据年龄特点和认知水平，绘画出形式多样、内容丰富的幼儿故事。在入园、离园时家长可以带领幼儿阅读。每学期我园都开展了以“书香溢满园，阅读伴成长”为主题的读书月活动，通过读书系列活动，为幼儿提供读书环境、激发读书兴趣、养成读书习惯，让幼儿与书本做朋友，提高幼儿读书能力，培养幼儿良好的阅读习惯。

2. 家园同步，拓展乐读情境

为使孩子们和图书交上朋友，感受书里动听的故事，欣赏漂亮的图画、有趣的游戏、丰富多彩的知识，真正让阅读生活化、儿童化。我们拓展了乐读的情境，引发家长和幼儿主动读书，养成阅读的好习惯。

（1）故事大王评比，在活动中养成读书习惯。

我园开展了“故事大王”的评比活动，通过活动，鼓励幼儿认真阅读书籍，找到自己最感兴趣的故事讲给大家听，然后采取班级中选拔——幼儿园展示评选的形式进行，让每个孩子体验到阅读带来的快乐和自信，激发他们的阅读兴趣，逐渐培养幼儿养成大胆自信的能力。

（2）关注亲子阅读，让读书浸润家庭。

在读书月中，我们开展了“读书大家谈”“优秀家长谈读书”，评选书香宝贝、书香家庭等活动，我们将评选出来的书香家庭用展牌的形式呈现家庭中的亲子阅读，家长对教师及家长读书心得的关注度比较高，经常驻足翻阅。通过活动，家长们认识到读书的重要性，从而自觉地在家中与孩子进行亲子阅读，在阅读中共同成长，这些活动得到了家长们的认可和好评。

(3)开展图书漂流活动，实现资源共享。

为了扩大幼儿的阅读量，激发幼儿的读书兴趣，幼儿园出资为全园的幼儿制作图书漂流袋，丰富了书的品种，实现了好书共享。图书是大家自愿捐赠的，每人三五本不限，由班级图书管理员管理图书的借阅。图书内容十分丰富，孩子们每天都手捧一本书，细细品味。图书漂流活动的开展，增加了幼儿的阅读量，开拓了幼儿视野。

孩子们带着发现的慧眼，在生动有趣的图书王国里，体验与感受快乐的阅读之旅！而我们的教师创设了丰富的班级环境，特别是语言区和图书区，书籍非常丰富，教师们发挥自己的聪明才智投放了成语卡片、故事讲述、故事接龙、续编讲述等材料，使读书活动深入到班级的各个角落。让孩子们在书香中快乐阅读，在书香中和谐成长！

二、双促，点点墨趣中积淀智慧

与书相伴的人生，是有质量、有生机的人生；书香飘溢的园所，是有内涵、有深度的幼儿园。因此，通过“双促”，积淀教育智慧，让教师成为读书者，以丰厚学养支撑自己的教学，成为学习者——以理性审视反思自己的教学，更成为研究者——以积淀思想提升自己的教学，在读书的道路上，我们且行且思，边走边唱，实现教师专业水平、园所文化水准和办园品位同步提升。

1. 做实“四日”分享制度，促动研读交流

(1)园长批阅日。

成立以园长为组长的读书活动领导小组，通过每周一次的园长批阅，引领提升教师的读书质量，园长将自己的思想、指导工作的方法、对书中经典语句的见解、教师下一步努力的方向，都在批阅的过程中与老师交流，读书笔记批阅成为交流的纽带、引领的方向、指导的抓手、提升的支点，逐步

引导教师将读书成为一种学习方式，提高教师自我发现问题和将教育理念与行为对接的能力。

（2）读书导读日。

在每周一业务学习时间的第一板块内容为教师的读书导读时间。我们采取学习引领、分层研究、互助合作、超越自我的方式，引导教师围绕书目介绍、作者介绍、我喜欢的内容、教学的提升、反思感悟五部分进行导读，实现理论与实践的有效对接；避免教师学、用脱节的问题。

（3）读书论坛日。

以幼儿园网站为窗口，建立了“和谐书香苑”网上论坛活动，每月通过宣传、推进读书活动，体现教师读书、反思以及对工作的指导价值。“和谐书香苑”的论坛建立，引导教师将自己的所读、所想、所思和其他教师进行交流，在交流中达成共识，激起教师的读书兴趣，推动读书活动的深化。

（4）好书交换日。

为拓展阅读的范围，幼儿园确立了每月最后一周五为好书交换日，交换内容以推荐的100种图书为选读书目，鼓励教师用自学的方式进行阅读，拓展阅读的范围。通过自学、导读、反思等方式推动阅读的深入开展，让教师懂得读书的必要性和重要性，在读书中学会反思。

2. 做新“三读”主题，促进专业成长

为了提高教师读书热情，使教师视野宽广，境界高远，能够指导与反思自己的教育实践工作，激发教师的思维能力和对教育问题的批评性思考，努力转变思想观念、思维模式，进行教育创新，我园有针对性地开展教师读书“三读”主题活动。通过活动，调动了教师们的读书兴趣，掀起幼儿园教师读书热潮。

（1）体验读。

① 开展“三个一”活动。建立幼儿园教师“读教育名著，做智慧教师，塑和谐文化”的读书手册，和教师们一起制订读书计划，通过“三个一”：“精读一本书籍、推荐一种理论、反思一种方法”的主题读书沙龙活动，让每位教师走到台前，推荐自己阅读的书目，并把自己看到的精彩部分结合自身教学工作与大家一起分享，特别要把读书学到的理论思想、观点如何用

来指导自己的教育教学实践写具体，做到“读”有所悟，“悟”有所用，“用”有所得，最后每位教师会给大家留下一个问题，鼓励教师们将自己所听所学的理论与教学实践活动相结合，达到读书与教学合二为一，让每位教师看到理论与实践的结合。这样既避免了读书的随意性，又让教师体会读书带来的益处和对工作的帮助，提高教师“悦”的心境和幸福的感悟，推动教师自身专业成长。

② 建立读书小档案。结合教师阅读的书目，为全园每位教师建立读书小档案，帮助教师制订自己的读书计划，安排好读书内容、读书沙龙，推荐自己的读书好句子，梳理自己在工作中的好方法，总结反思他人推荐书目中好的经验等。随时把学到的新思想、新方法运用到教学中。促使全园教师多读多思、以读长知、以读增智、读写结合、以读促教。

（2）分享读。

① 搭建网络平台。

采取定人定量完成阅读要求的形式，每月将优秀的读书文章上传到市南区网络平台、幼儿园网站上进行交流。通过这种方式，鼓励教师把学习心得通过每周网上论坛的形式与更多的教师分享，达到思想的交融与传递，这样可以帮助教师与书中的内容产生互动，使读书的作用得以淋漓尽致的表现，而且教师们通过网上的交流，会更深刻地感悟理论指导教学工作的重要性，使教师感受到只有“居高”才能“临下”，只有“深入”才能“浅出”，只有“厚积”才能“薄发”，让阅读成为教师生活和学习的必需。

② 关注课堂融合。

结合科研课题“集体教育活动适宜性与有效性的研究”，组织全园教师结合阅读的书目，运用书中提出的观点、思想结合有关课例重点学习，反复阅读，并组织开展了“读书与课堂教育”专题研讨活动，将自己在阅读中的感受与收获与同行分享。这样，以点带面，在有主题、有目的的读书活动中，丰富教师理论和文化内涵，培养读书习惯和文化品位，教师们营造出了“相互尊重、积极主动、共同发展”的教研文化氛围，研究习惯和意识都增强了。

（3）提升读。

“最是书香能志远，读书之乐乐无穷”。亲和的阅读氛围使读书有了温度，一道道精美的文化大餐滋养教师心灵；多元化的阅读使读书有了宽度，在与一个个大师对话中对接行为，收获成长。我们惊喜地看到教师在读书实践中凸显了两个转变。

① 教师“被读书”的现象在转变。

现在教师的读书行动从被动逐渐变成主动。通过读书摘抄、导读交流等活动，每位教师都潜下心来认真读书，将读书逐渐成为自己的一种生活方式，“书香教师”在幼儿园越来越多。我园也被评为中国教育学会“亲子阅读，书香中国”书香校园称号。

② 教师的理论、实践水平在转变。

教师通过学习，无论是在理论上还是在实践中都在不同程度上受益匪浅。老师们把读书学到的理论思想、观点用来指导、改进教育教学实践，通过开展“名著研读分享现场会”“研读教材、优化活动”，教师一人一课展示，注重理论与实践相结合，提高教师的读书质量，引领教师学会在读书中反思，在反思中成长，提升自己专业素养，成为一名读书学习型的教师！本学年，共有两位教师当选市南区教育新秀，两位教师当选市南区教学能手，一名新教师组织的教育活动在全区展示，论文数量与质量都有了很大的提高。

与经典同行，为生命阅读。因为有了书，风景变得更为美丽；因为有了书，人生变得更为厚重。今后，我园将进一步深入地开展读书活动，引领教师进入典雅而精美、深邃而隽永、浩瀚而辽阔的读书世界，让园所溢满书香，让教师溢满书香，改变教师的品质和精神，提升教师专业素养，打造“教五幼”读书品牌。

在内涵与和谐中行进

——“三三”管理模式促保育员专业成长

阎爱洁

保育工作是幼儿教育重要组成部分，而作为保育工作主要实施者——保育员的专业理论素养、保育管理水平及实践能力是影响幼儿园保育工作发展的重要因素，所以抓好保育员这支队伍至关重要。目前，我园共有9名保育员，工作时间最长的已有7年。其中2名保育员中专毕业，7名保育员初中毕业，这些保育员整体素质不高，没有接受过系统的专业学习和技能培训，专业知识较缺乏，专业能力较薄弱。因此加大对保育员的管理，成为我园师资队伍建设的重中之重。

我园以提高保育质量为目标，以保育培训为抓手，探索“三三”保育管理模式，全面规范保育工作要求，建立健全保育员培训体系，努力建设一支科学化、专业化、标准化的保育员队伍，提高保育工作质量，实现《指南》精神中“实施科学的保育和教育”原则，真正推动我园保教质量的不断提高，促进和谐教育的内涵发展。

一、精细管理，制度、人员、培训“三到位”

1. 制度到位

幼儿园先后建立了《保育员工作流程》《保育员工作管理手册》《保育员培训制度》等，制定保育员日常操作流程，细化保育工作的每个环节要求，对日常工作进行量化，如对保育工作目标、日常保育工作要求、一日保育工作程序、生活环节操作细则等内容均有明确的考核标准，让保育工作有标准可依，形成科学有序的操作流程，规范保育行为，以达到保育过程的规范化、精细化。

2. 人员到位

幼儿园制定了分管干部和保健医生共同管理机制。由分管干部直接管理保育员工作，由保健医生具体负责，双管齐下，双轨管理。保育员存在专业性的问题由保健医生带领他们进行探讨研究，其他问题则由分管干部进行直接进行培训和管理。双轨管理确保了保育工作在幼儿园教育中的地位，将“保教并重”的原则真正落到实处，提高了保育工作的实效，使培训更具有针对性和实用性。

3. 培训到位

（1）理念先行，以培促学。为提高保育员理论水平，每周三是幼儿园固定的保育员学习时间，每位保育员发放一本学习笔记，围绕本体知识、卫生保育常识、掌握基本指导方法等内容由保健大夫组织培训，帮助保育员老师树立良好的职业道德和服务意识，形成在实际工作中自觉遵守法规和操作规范，减少和控制幼儿园传染病的发生，解决了保育员在工作中遇到的困惑问题，提高保育员的理论水平。

（2）多元培训，实践领悟。根据本园保育员实际情况，以人为本，制订双向培训计划，将每学期只有卫生方面的培训调整为保健医生与分管干部轮流组织的双向培训计划，由原先如何做好保育工作，如何提高实际操作能力等单一的培训变成如何配合好教师的教学工作、快乐在保育、让工作更幸福等多元化的培训内容，而且每次的工会活动我们都会组织全体教师与保育员一起参加，促进保育员与教师之间的相互了解……多元化的培训满足了每位保育员的发展需求，激发了保育员工作的积极性，使其从教育的旁观者转变为教育的参与者，体验到自身价值，萌发保育工作带来的幸福感，为做好保育工作打下坚实基础。

二、研究带动，交流、展示、观摩“三结合”

1. 特色交流日，与日常管理相结合

幼儿园确定每月最后一周的周三为特色工作交流日。全体保育员围绕保育员的角色、评价体系、基本技能、配班工作、规范消毒、保教结合新做法等内容逐一进行讲解和示范。大家变“让我干”为“我要干”，在学习中规范和提高保教质量，用团队协作提高实操能力，用自主交流增强凝聚力，保育员们在平等、轻松的交流氛围中学习身边的优秀经验，博采众长，为自己所用。

2. 特色主题月，与专业技能相结合

每月确定一个主题，明确活动内容、目标，做到预先布置，提前准备，实操先行，反思提升。3月份本体知识答卷；4月份进餐环节观摩；5月份亮点区域开放；6月份削苹果比武；9月份“强技能，展风采，亮绝活”叠被子大赛；10月份户外活动指导观摩；11月份“玩转雪花片”技能比武；12月份消毒比武。带领保育员教师多方式、多途径学习，积累知识，丰富保教经验，不断调整自身知识结构，高效率、高质量地完成各项任务，让保育员在工作中更好地发挥主观能动性。

3. 特色观摩点，与重点工作相结合

采用榜样示范的方法，组织日常工作中保教工作扎实的保育员开放班级半日活动，通过观摩一个点：如饭前擦桌子、厕所地面的打扫等方面邀请全体保育员观摩学习，活动后组织大家进行研讨，从清洁消毒、生活护理、教育活动的配合、区角活动的指导等方面对比自己的工作提出看法和建议，使保育员教师真正用眼睛观察，用心灵品味，在观摩学习中提高自身保育水平，为保育员的专业成长搭建平台。

三、“三三”管理模式推动“三促进”

1. 促进保育员专业理论的提高

经过一年的努力，保育员教师理论与实践实现有效对接。在市南区幼儿园“三员”岗位练兵比武中专业经过理论考试、即兴答辩、现场测试、实践操作的比武，贾明丽、马玉敏老师获保育员岗位明星称号，王维、于元芳获保育员岗位能手称号。使全体保育员进一步明确岗位职责，不断提高保育员专业理论知识。

2. 促进保育员专业化的发展

以前，保育员都认为自己在幼儿园只是照顾幼儿的饮食起居和环境卫生，教育和他们没有关系。通过研究，我们欣喜地发现我园的保育员教师观念有了转变，关注幼儿意识增强了，配班意识提高了。在幼儿园开展的“亮点区域活动指导”活动中，各班保育员在教师的指导下积极参与、精心准备。大班的小厨房里小朋友们在保育老师的组织下切水果、榨果汁，打鸡蛋、煎鸡蛋，切土豆、做土豆饼等样样都行。中班美发屋里，保育员老师指导小朋友们戴假发、化妆、剪头发，忙得不亦乐乎。小班图书区里保育员老师与小朋友们围坐一团讲故事，孩子们专注地听着一个个动听的绘本故事，培养了幼儿良好的阅读习惯。从孩子们淡定的表情、满足的笑容、丰盛的成果中，我们更能体会到保育老师们的良苦用心。通过活动，各班保育员都在探索、实践中锻炼了自己的组织、协调能力，提高了自身的配班协助能力。

3. 促进幼儿园和谐内涵的发展

在幼儿园开展的“金点子征集”活动中，我们的保育员也积极参与进来，踊跃地为幼儿园发展建言献策，一个个凝聚着保育员教师真知灼见的“金点子”几乎涵盖了幼儿园工作的各个方面：大到幼儿园特色文化建设、幼儿园户外场地的规划及器械摆放、保育员幸福小组的活动等，小到自己的言行举止、指导方法。金点子征集活动集民智，纳民意，极大地增强了保育员教师的责任感，形成了积极进取、和谐团结的保育工作氛围，为幼儿园今后保教工作的开展提供了正能量。

在“三三”保育工作管理模式引领下，我园保育员教师实现了三个转变：即意识转变，从保护身体发育扩展到促进幼儿个性发展和社会适应能力的提高；内容转变，从只是完成保洁工作到一日生活各环节中注意培养幼儿良好的习惯，丰富幼儿知识、经验；行为转变，从活动中指导幼儿的“门外汉”到不断改进自己的工作方式和方法，适时、适度地介入幼儿活动，逐步形成科学的保教观念，在和谐教育的大环境下，共同促进幼儿健康、和谐、快乐发展！

实施有效管理，提高幼儿入园适应性

陈　平

入园适应期是指幼儿正式独立地在幼儿园开始集体生活的最初时期，这个时期幼儿会出现不同程度的分离焦虑，从心理学的角度分析，主要是安全需要的缺失和幼儿心理能力有限所至；从社会学角度来看，是由于生活环境、人际关系的变化以及幼儿社会角色的转变造成的。因此，如何解决分离焦虑，灵活掌握应对策略，使幼儿开开心心上幼儿园，是幼儿园和家长非常重视和关心的问题。

《3～6岁儿童学习与发展指南》指出："家庭、幼儿园和社会应共同努力，为幼儿创设温暖、关爱、平等的家庭和集体生活氛围，建立良好的亲子关系、师生关系和同伴关系，让幼儿在积极、健康的人际关系中，获得安全感和信任感，发展自信和自尊。"基于此，我园创新管理机制，将入园适应性研究延伸到0～3岁婴幼儿早期教育中，从幼儿身心特点出发，通过观察、分析2岁半到3岁幼儿的行为表现，摸索入园适应性的指导策略，促使幼儿在最短的时间内，适应新环境、新同伴，形成安全感、信赖感，帮助幼儿顺利度过入园适应期。

一、以专项调研为切入点，从科学中找依据

通过资料检索发现，幼儿分离焦虑问题已越来越多地受到教育界和家长的关注，相对的研究也逐渐增多，但这些研究大多从研究者的角度进行理论建构，缺乏从教师及家长的角度相对全面而细致地认识幼儿入园的分

离焦虑。为全面了解幼儿入园前的基本情况、家长及教师的困惑，改善并提高家长教育教养理念，促进教师专业化发展，我园启动了专项调研，运用开放性调查、座谈会访谈、实地观察等方法，对幼儿入园适应问题进行精心调研和理论探讨，并记录在册，通过查找相关书籍寻找理论依据，研究的问题从实践中来，又回到实践为幼儿园教育服务。

（1）书面调研。通过向家长发放调查问卷，从幼儿基本情况（包括身体素质、心理素质、社会性发展、语言），家长为幼儿入园前做的准备，家长对幼儿入园的心态三个维度全面了解情况。我园邀请专家对发放的70份调查问卷进行了深入分析和讨论，发现影响幼儿入园适应性的因素主要有四个方面：幼儿自身的年龄特征，生活环境的改变，家长行为观念的影响，幼儿园、教师工作经验不足。

（2）座谈会访谈。为进一步了解不同层面的需求，从根本上解决入园适应问题，在分析问卷调查的基础上我园召开由幼教专家、园长、教师和家长参加的座谈会访谈，围绕“如何消除焦虑恐惧心理，完成家庭生活到集体生活的顺利过渡的有效策略”这个主题进行交流，了解幼儿和家庭的一些情况，从不同的身份、角度、层面发表自己的意见和做法。通过交流，大家认为入园适应期应关注幼儿需求，遵循幼儿发展规律，既面向全体又关注个别差异，循序渐进地、有针对性地实施引导策略，帮助幼儿、家长乃至教师顺利地度过适应期。

（3）实地观察。实地观察是发现问题的最直接、最有效的途径，教师通过有目的地跟踪、观察幼儿在自然情境下的活动情况，运用录像手段获得幼儿习惯养成、自理能力、社会性交往、语言能力等多方面更为详尽和全面的现场资料，为个案研究收集信息，帮助教师获得科学研究的依据。

二、以创新机制为抓手，缓解幼儿入园焦虑

解决好幼儿入园适应性问题，对幼儿园、家长和幼儿都具有重要意义。实践证明：消除幼儿分离焦虑，有助于幼儿愉快地参加幼儿园组织的各种活动，有助于幼儿与教师及同伴建立良好的关系，有助于幼儿身心健康。为了尽快稳定新入园幼儿的情绪，帮助他们适应新的生活和教育条件，保证

常态教育的顺利开展，结合在幼儿园实际工作中开展的可行性，我园创新管理机制，通过提前介入制、园内园外牵手制、家教指导制增进了家园之间的互动，有效缓解了幼儿入园的心理焦虑，促进幼儿身心和谐健康发展。

（1）提前介入制。每年八、九月份正是教师最忙的时候，教师既要安抚幼儿情绪，又要忙于开学准备工作，往往不能深入、细致地了解每一位幼儿。另外，考虑到幼儿适应环境、熟悉老师、认识同伴需要较长的时间，我园采取了提前介入制，有计划地安排即将负责小班的教师提前走进适龄幼儿家中定期进行家访。一方面了解幼儿的兴趣爱好、起居习惯，观察幼儿的生活自理能力，与幼儿一起做一些形象有趣的小游戏，运用游戏化的手段帮助幼儿养成良好的习惯；一方面了解家庭和家长教养情况，指导家长掌握幼儿身心发展规律，提高家长科学育儿水平。通过走进家庭，提前介入幼儿生活，让家长对幼儿园和老师建立信任感，让幼儿产生对幼儿园和老师的喜爱之情，消除了幼儿入园后的陌生感和紧张情绪。

（2）园内园外牵手制。早教适龄幼儿正处在逐渐脱离以自我为中心，而对结交朋友、群体活动有明显倾向的阶段，是幼儿学习社会交往的初始阶段。教师应抓住这个发展关键期，从交往心理、交往能力、友好行为培养等方面培养幼儿乐意与人交往，心情愉快地与人和谐相处，建立融洽的关系，掌握一些基本的交往技能，具备平等交往的意识，初步发展与同伴分享、轮流与等待、解决冲突等方面的能力。我园建立了《园内园外牵手制》，通过园外家庭牵手与园内园外家庭牵手相结合的方式，为幼儿提供同伴交往的机会，增进家园之间的互动交流。为增进幼儿间互动，我园制订了“大带小”活动计划，结合大班主题活动“我是哥哥姐姐”开展“大带小”活动，让园内外的小朋友建立伙伴关系，引导大班的哥哥、姐姐尝试用不同的方法表现自己对小弟弟、小妹妹的关爱、安抚，不仅给大班幼儿创造了学做哥哥、姐姐的机会，锻炼了他们的交往能力，培养了他们的责任心和关心、照顾他人的意识，而且还让弟弟、妹妹对哥哥、姐姐产生亲近感和依赖感，消除同伴之间的陌生感，一定程度上缓解了幼儿入园的焦虑情绪，为幼儿尽快适应集体生活奠定良好的基础。我园还邀请园内外家庭结对，成立家庭友好小组，定期组织家庭日、生日会、家长沙龙等活动，通过家园之间零距离的接触，加深幼儿对幼儿园环境、生活、学习、同伴的积极体验，增进了幼儿、家长、教师之间的沟通。

（3）家教指导制。家庭是幼儿的第一所学校，家长是幼儿的第一任老师，幼儿是否能顺利度过入园适应期与家庭的教养方式有着密切的关系。针对问卷调查中家长教育观念不一致，缺乏科学的家教指导方法等问题，我园以资源共享为目的，为家长提供了专业性的家教指导。通过家长阅览室、家教咨询日、社区宣传周、育儿分享会、专家讲座、家长沙龙、家长公益课堂等多渠道、多方位地向家长宣传现代育儿观。每月走进家庭开展一次入户指导，根据家长需求，进行具体案例分析，通过开展有针对性的家教指导工作，拓宽家长的教育视野，提高家长科学的育儿理念和技能，实现家园教育的同步，统一教育思想，形成教育的一致性，达到教师、家长、幼儿三方互动的教育。

三、以教学研究为平台，提升入园适应性策略

教研活动是全面提升教学质量的重要组织形式，因此我园不断加大教研力度，深入开展教学研究，从幼儿和家长需求出发，摸索灵活的教育策略，顺利完成从家庭生活到集体生活的过度。

（1）以《指南》为统领，加强理论学习。新的教育理念认为，幼儿与教师是民主平等的关系，教师要以幼儿为本，掌握幼儿的身心发展规律和不同阶段的学习特点，促进幼儿身心全面和谐发展。我园围绕《指南》，定期开展答卷、案例分析、微格研讨、录像回放等活动，引领教师剖析幼儿入园适应行为背后的真正原因，不断更新教育理念，掌握入园适应性方面的相关专业知识。通过理论学习、经验交流、研讨等活动，开拓教师思路，帮助教师解决幼儿入园适应性的实际问题，提高教师的教育理念和方法。

（2）完善园本课程，确保研究的科学性。在课程研发小组的带领下，我园依据《0～3岁托幼工作指导要点》和《指南》要求，补充并完善了入园适应性课程，丰富了“幼儿园里朋友多”“幼儿园真好”“笑一个吧”“我是生活小能手”等主题活动，以形式多样、内容丰富的活动为载体，从生活自理能力、动手能力、表达能力等各方面提高了幼儿的适应能力，充分做好入园

前的各项准备工作，激发幼儿入园的愿望。建立了《适宜性课程评价制度》，定期邀请儿保所及学前教育专家进行幼儿入园适应性专题评估，确保课程实施的科学规范。

（3）搭建平台，分享交流经验。为了更新教师教学观念，提高教师专业素养，进一步加强教师之间的专业切磋，我园定期开展有计划、有准备、有安排、有步骤的经验交流活动。教师依据入园适应性研究的总课题制定班级研究子课题的实施计划与具体措施，并在研究过程中不断反思、积累教学经验，通过教学观摩、专题研讨、深度会谈、案例分析与名师对话等活动鼓励教师创新。经过研究，教师们撰写了《幼儿分离焦虑应对策略的研究》《如何让新生尽快适应新环境》《做好入园适应性研究点滴尝试》等经验论文，并在国家级刊物发表。通过经常性、个别性、集中性相结合的教学交流，实现了信息交换、经验分享，促进教师共同分享经验，相互学习，相互帮助，共同成长。

四、以活动为载体，提高幼儿入园适应性

（1）“请进”活动。家长是最好的、最丰富的教育资源，他们不仅能给幼儿带来安慰，而且是幼儿学习的伙伴和支持者，是幼儿与教师的良师益友。近年来，我园把家长请进幼儿园参加各种形式的开放活动。如以班为单位的“请进”活动，召开新生入园家长会、新生入园半日活动开放、家长进班当老师，邀请家长幼儿共同参加班级故事会、演唱会、技能比赛等。以园为单位的“请进”活动，邀请家长参加幼儿园亲子运动会、民俗传统节日庆祝活动、新年联欢会等，家长和幼儿一起做游戏、包饺子、表演节目，体验亲子同乐的和谐氛围，感受幼儿园集体生活的快乐。

（2）梯度衔接。为了帮助幼儿逐渐适应幼儿园生活，我园从时间、形式、内容等方面进行了递进式的衔接。安排幼儿入园观摩，逐步延长活动时间，让幼儿体验幼儿园生活的丰富和集体游戏快乐；在内容上选择从单个的活动观摩到半日活动观摩，帮助幼儿逐步适应在园的生活。

（3）生活小达人。幼儿从家庭进入幼儿园，活动范围扩大了，活动内容变得丰富多彩，活动方式从随意、自由转为需遵循一定的规则要求，很多事

情需要独立完成。因此，入园前幼儿需要养成独立进餐、盥洗、午睡、穿脱衣服等生活习惯，在幼儿入园前期，我园开展了生活小达人技能比赛，利用小儿歌、提示图帮助幼儿在最短的时间内掌握自己吃饭、穿脱鞋子、穿脱衣裤等的正确方法，提高了幼儿的自理能力，建立幼儿自信心，为幼儿适应集体生活的规则与要求奠定了良好的基础。为了让幼儿熟悉集体生活的规律性，我园让幼儿在家长和教师的陪同下参与每天的活动：点名时间、天才时间、勇敢时间、整理时间、快乐时间，幼儿通过参加一系列的活动，了解活动内容、形式、方法，熟悉幼儿园的环境设施，熟悉教师，懂得一些规则要求。通过丰富有序的活动锻炼幼儿成为生活小达人，让幼儿自信地迈出从家庭走向集体的第一步，为幼儿入园打下良好的基础。

（4）暂缓分离活动。早教课程主要以亲子活动为主，幼儿入园后将与父母分离，独立地参与幼儿园集体生活。因此，我园首先邀请家长陪同幼儿参与活动，让幼儿逐渐适应幼儿园生活，然后让家长与幼儿进行短暂的分离，独立参与游戏、生活等环节。教师安排了形式多样、趣味性强的游戏转变幼儿注意力，在游戏中幼儿不仅体验到快乐，而且增加了幼儿之间交往的机会，使幼儿很快地融入到集体中。教师对每次的分离活动进行总结，发放“小红花”鼓励幼儿，使幼儿因成就感的获得而更加进取。开展一周的短暂分离活动后，家长能够放手让幼儿独立走进幼儿园，最终实现踏入幼儿园生活的全面转变。

总之，幼儿入园不是一件简单的事，解决入园适应只是教育的“序曲”，只要我们因势利导、循循善诱，用爱心设身处地的去理解幼儿、关爱幼儿，出现在我们面前的将是一张张活泼可爱、天真烂漫的笑脸。

走进“学习故事”，助力师幼成长

陈　平

“学习故事”是新西兰幼儿园中广泛使用的一种叙事性评价方式，由于它能提供一种反映幼儿发展的持续性画面，能用来记录和交流幼儿学习的复杂性，其对幼儿学习能力的肯定、以儿童为中心的理念与《指南》精神相契合，是适合幼儿园一线教师提升业务、反思成长的行动研究法。我园根据自身情况和需求，把“学习故事”引入园本教研中，开展了以“走进‘学习故事’，助力师幼成长”为专题的行动研究，采用“观察（发生了什么）——评价（学习什么）——下一步（回应策略）”的步骤来记录教师在儿童故事背景下的判断分析和教育行为，使教研内容具体化，以探索幼儿学习的相关策略，更好地提升和促进教师专业成长的内在动力，力求培养更多更好的反思型教师，使《指南》得到更好的落实。

一、利用他山之石，品味“学习故事”的魅力

（1）透析“学习故事”，寻求中新文化的契合点。为了帮助教师充分认识到“学习故事”背后蕴含的儿童观，我园从理论学习入手，先后组织教师开展了“利用他山之石，透析‘学习故事’”“解读《指南》，转变儿童观”等专题研讨。通过观看录像、二级培训、实地观摩等方式，引领教师从园本课程、幼儿园活动、儿童观三个方面对比中新文化的差异。进一步领会《指南》精髓，从《指南》中寻找科学依据，寻求中新文化的契合点。通过学习，教师们发现《指南》倡导在“以幼儿为本”这一统领性理念的引领下，尊重幼

儿的主体性，尊重幼儿的兴趣、需要、想象，尊重幼儿在生活中、游戏中学习的特点，关注个别差异，最大限度支持儿童的主动学习，促进每个儿童富有个性的发展这一观点与新西兰“学习故事”不谋而合，有了对儿童观的文化思考，教师对“学习故事”有了更加深刻的认识，转变了儿童观，为教师思考、实践、研究给予了科学有力的理论支撑。

（2）坚持理论导向，品味“学习故事”的魅力。理论是实践的基础，夯实理论才能走得更远。在研究中我园帮助教师了解了“学习故事”评价体系的相关背景，分享多个优秀案例，解读“学习故事”的内涵界定和基本结构，品味“学习故事”的魅力；从记录的视角上和目的上让教师们理解“学习故事”与“观察记录”“教育故事”的不同之处，引领教师重视开放的课程与环境给予幼儿自我发展空间的意义。帮助教师站在儿童的视角对其学习和发展进行适宜的评价，真正做到理解、认可、接纳独一无二的孩子，从而提高教师观察、解读、反思的专业能力。

二、撰写“学习故事”，促进教师成为主动的“反思型实践者”

“学习故事”主要由三部分组成，即“观察（发生了什么）——评价（学习什么）——下一步（回应策略）”，由于其本身的结构与特征对于教师成为“反思型实践者”有着重要的促进作用。

（1）行动研究。我园以“青蓝工程”“名师工作室”为抓手，采取典型培植、定点观摩、视频分析、分享交流会等教研方式，捕捉幼儿一日生活中有价值的活动案例。围绕三个研究点，即“科学细致地观察幼儿”“评价与分析幼儿行为”“教师教育行为的适应性和有效性”，由浅入深地引领教师全面观察、科学分析、主动反思。借助“有能力、有自信地学习者和沟通者”这一儿童观，在教师和孩子身上发生了一系列变化的案例。中班的小朋友孙容佳，一个“安静内向，不善于表现自己，缺乏沟通和自信心”的孩子，社会性领域的发展一直是她的发展评价表上表现出来的“差距”。遇到“学习故事”之后，教师不再把观察的焦点放在她的行为问题上，而是发现她的兴趣、能做的和长处，并用“学习故事”把这些精彩时刻和教师的解读记录下来。教师采取提高其沟通能力，树立自信心的教学策略，为她提供展示自己的舞台，让她能够在班级里找到自己真正感兴趣的活动，找到增强自信心，与他人沟通，分享她感兴趣的话题。

让孙容佳发生变化的起点就是教师在“有能力、有自信的学习者和沟通者”的儿童观引领下，从“找差距、找不足式”的评价视角，转变成“找优点、找长处式”欣赏和接纳的评价视角。“学习故事”将反思与实践紧密结合，教师从空洞地、主观臆断、自上而下的反思逐步转向“在实践中反思”“在实践后反思”，使教师真正成为“反思型实践者”。

（2）提炼策略。在学习故事的研究过程中，教师能够“蹲下来观察记录幼儿学习——分析判断幼儿学习和获得——评价幼儿的发展水平，思考教育对策”，掌握了实用有效的“学习故事”撰写方式，梳理了适宜有效地教学策略，如“情感支持策略”“差异导向策略”“延展深化策略”“兴趣激发策略”“游戏互动策略”“角色模仿策略”“材料支持策略”等。在观察幼儿的游戏，与幼儿现场互动的过程中，我们深切地感受到教师时时刻刻地在对幼儿进行评价，而这个评价的过程就是在“注意、识别、回应”三个环节中循环往复地进行并支持幼儿的学习，推动着幼儿的发展。

三、学习故事搭建新观念向行为转变的桥梁

（1）教师角色的重新定位。通过学习故事的摸索研究，教师们明确了“教育故事”更关注教师的“教”，“学习故事”更关注幼儿的“学”。从“学习故事”里看到了“尊重幼儿”这一观念的落实，看到了教师角色的重新定位。

（2）促进幼儿快乐发展。“学习故事”是幼儿天性绽放的时刻，记录的是幼儿能做什么，是幼儿在学习过程中表现出来的自信与能力。教师“退居二线”的做法无疑会给幼儿提供广阔的自我发展的空间，幼儿积极主动、敢于探究、乐于创造等学习品质会得到更多的锤炼，全面、可持续的身心发展会更易实现。

（3）支持教师快乐成长。“学习故事”为教师搭建了专业成长的可靠平台，促进教师在实践中不断加深对《纲要》《指南》的学习和理解。“顺应幼儿天性”的指导思想使师幼关系融洽起来，教师在工作中也会感受到未

曾有过的轻松和愉悦。可以说,“学习故事”在解放儿童的同时也解放了教师自己。

走进“学习故事”改变了教师对教育的理解,也改变了教师与儿童一起活动的思维和行为方式,让教师们学会从前台退到后台,把目光从教师的“教”放在幼儿的“学”上,真正树立“以生为本,引领为先”的儿童观和教育观,逐步形成自己的教学风格。相信教师们通过记录真正属于师幼的“学习故事”,一定能更好地实现师幼共同成长的夙愿,促进工作的全面落实。

发挥桥梁作用，凝聚和谐团队

于　璇

我园工会紧紧围绕幼儿园园务工作，不断加强工会自身建设，充分发坚持以人为本，尊重、理解、关心每一位教职员工，引导老师们爱岗敬业，提升教师素质，充分发挥工会的桥梁作用，凝聚“教五幼”和谐团队的力量。

一、坚持学习、践行师德

我园以师德教育月为契机，开展以“立师德，树师风，争做‘四有’好老师”为主题的师德月系列活动，提升我园教师师德水平，推进我园精神文明建设，打造“教五幼”健康和谐园风。

1. 教师誓词宣誓

为进一步加强幼儿园的师德师风建设，打造一支品质优良、业务精湛、爱岗敬业的教师队伍。在教师节来临之际，我园全体教师在开学典礼上，面对国旗，庄严宣誓，拉开了市南区教育第五幼儿园“立师德，树师风，争做‘四有’好老师”师德月的序幕，通过宣誓活动，进一步增强了教师们的责任意识和事业心，弘扬良好师德，树立爱的责任。人人争做有理想信念、有道德情操、有扎实学识、有仁爱之心的“四有”好老师。

2. 演讲比赛

为进一步加强我园师德建设，提高教师的思想政治素质和职业道德素质，注重培养我园先进师德典型，宣传身边教师的先进事迹，弘扬正气，树立榜样，发挥教书育人、为人师表、爱岗敬业、无私奉献的先进事迹，鼓励教师人人争做“四有”好老师。

3. 师德案例

通过师德案例的分析学习，老师们深刻感受到作为一名幼儿教师，要让自己具备“孩子的心灵”——用“孩子的大脑”去思考，用“孩子的眼光”去看待，用“孩子的情感”去体验，用“孩子的兴趣”去爱好！正如一位教育家所说：“从早到晚我们一直生活在孩子们中间，我们的手牵着他们的手，我们的眼睛注视着他们的眼睛，我们随着他们流泪而流泪，我们随着他们微笑而微笑。”有了这份情感，教师的爱就有了基础，师生心里就有了共鸣，教师的奉献就有了可能。

二、活动引领，品味幸福

为了激发教师对工作的激情，深刻感悟到职业带给自己的幸福。我园开展“幸福教育俱乐部”活动，通过丰富多彩的主题活动，帮助教师充分放松心情。让教师从自己的职业优势中寻找人生的乐趣，提高人生的品位，唤起教师对教育的激情，在激情中感受着职业的幸福，共同营造幸福和谐的文化特色。

1. “祝福飞扬，师爱飘香”教师节

为庆祝教师节和进一步推进师德建设，在全园营造尊师重教的浓厚氛围，弘扬尊师重教的良好风尚，激励广大教师热爱生活，热爱教育事业，积极进取，开拓创新，凸显我园“诗润稚童，和谐发展”的园本文化。我们本着“热烈、务实、实效”的原则，开展“祝福飞扬，师爱飘香”教师节活动，老师们共唱革命歌曲，感受幸福生活的来之不易。把更多的精力投入到工作中，让我们快乐工作，幸福生活。

2. “体味芳香，舒放心扉”精油养生堂

现在生活快节奏和压力让人总是处于紧张和忙碌中，如何有效调节身体是我们每个老师的追求。为了让老师们在工作之余，感受生活所带来的乐趣与美好，我们参加了“体味芳香，舒放心扉”精油养生堂活动。通过专家讲座——实操演练——推荐方法等，让老师们初步了解精油对身体的益处，从而舒缓身体压力，达到滋养身心的效果，提升了教师生活品质。

3. “我的家园,美丽中国”教师摄影展活动

开展以“我的家园,美丽中国”的教师摄影展,老师们用镜头、用心灵捕捉了一个个精彩的世界。展示了人物美、建筑美、景色美、四季美等不同的画面,让我们用眼睛去发现生活中的精彩;用心灵去透视世界的纯真;用相机去记录瞬间万象。通过教师摄影展,提高了教师们的摄影能力和欣赏水平,为老师们搭建了一个相互交流的平台,提升了教师的艺术素养。

4. “‘瑜’悦身心,‘伽’倍美丽”瑜伽健身活动

为了丰富我园教师文化生活,增强教师的个人修养、身心健康、生活品位及自身形象的全方位提升,我园开展了“‘瑜’悦身心,‘伽’倍美丽”瑜伽健身活动。老师们用心体会每一个动作给身体带来的感受,适时放松与冥想,让大家的心情变得宁静。在瑜伽的境界里,老师们愉悦了身心,增强了自信,达到身体、心灵与精神的和谐统一。

我园工会将继续以“特色扬园,创新发展”为目标,深化和谐课程内涵,让教师在拥有专业发展的幸福体验中,充分发挥工会的桥梁作用,凝聚“教五幼”和谐团队,凸显和谐“教五”品牌。

为孩子的幸福成长撑起一片蓝天

于 璇

安全工作是幼儿园发展的保障，抓安全、讲安全是每一位老师的责任。我园一直本着“安全第一，预防为主”的原则，牢固树立忧患防范意识，以高度的责任感，认真做好幼儿园的各项安全工作，努力为教五幼孩子们的幸福成长撑起一片蓝天。现将本学期安全工作总结汇报如下：

一、完善安全制度，落实“一岗双责”

为使安全工作能够更好的顺利，修改完善了幼儿园的安全工作的制度，共分成四类：第一类是各类人员职责，让每位教职工明确了安全工作职责，让各岗位人员进一步明确在教育教学工作的基础上，同时承担着安全职责，一个岗位两种责任，真正实现“一岗双责”，并将“一岗双责”纳入到了学期初的安全目标责任书签订中；第二类是各项安全制度，让每一项安全工作有了明确的标准；第三类是安全工作流程，对每项安全工作标注了简单易行的流程；第四类是安全工作预案，把能预设到的安全问题以预案形式呈现，让老师们知道了事故发生后应如何处理，在最短的时间内把问题解决好，把危害降低到最小。

二、深化活动内涵，拓展安全思路

为了提高幼儿的自我保护意识，全面推动安全教育活动向内涵发展，真正体现以人为本、关爱生命、关注安全的理念。

1. “珍爱生命”安全教育大课

为进一步增强孩子们的安全意识，让“安全”二字深深地刻在他们幼小的心里。选择的安全大课的内容和游戏形式贴近幼儿的生活经验，把安全教育融入到游戏之中，让幼儿在游戏中感知、积累安全知识。例如“不跟陌生人走”老师们通过游戏活动，教育孩子们不能要陌生人的食物，更不能随便跟陌生人走，让孩子们知道如何应变可能发生的危险；“好孩子，不玩火”，老师们通过安全教育网站，下载动画故事、让孩子们在观看动画片的过程中，了解到了“火”与我们的生活密不可分，它能给我们带来很多的方便，也会给人们带来危害。通过安全大课，增强了孩子们的安全意识，学到了自我保护的方法。

2. 模拟演练，提高自护

为了提高幼儿的应急避险和教师应急疏散的能力，每月开展一次“我是安全小勇士”的安全演练活动。为了确保演练活动落到实处，演练四部曲：精心准备——严密部署——安全演练——反思提高；让老师和孩子在每一次的演练中增强安全意识，提高自我保护能力。

（1）精心准备。

每次演练前，我们都会精心的开展准备工作，细致的检查每个班级的安全通道是否畅通；检查楼梯、地面的安全性；与周工作相结合，以防与教育教学工作或者其他工作的冲突。

（2）严密部署。

每次安全演练前，都会在周一全体会上布置，强调逃生路线和后勤各部门人员的安全职责，确保孩子在安全演练中的安全性。

（3）安全演练。

每次的安全演练是不打招呼的，主要目的就是想看到比较真实场景下，老师和幼儿对于突发事件的反应，让幼儿在真正的危险来临时能调动起演练时所积累的经验，有序、安全的撤离。所以每次演练考虑到当危险发生时可能出现的各种各样的情况，让幼儿形成一种自我保护的习惯。

（4）反思提高。

当听到警报声，老师们能立刻带领孩子们按照各班级的安全通道快速疏散，弯着腰、用手帕等捂住口鼻，有序撤离到幼儿园操场安全地带。各后勤人员也能马上到位，帮助老师一起把孩子护送到操场上。但是小班幼儿由于经验欠缺，所以幼儿逃生速度较慢。部分幼儿没有把演练当成一次真正的演习，有嬉笑的现象。安全教育是幼儿园教育永恒的话题，仅仅靠一次活动是不够的，我们将通过更多的活动，营造师幼平安健康的成长环境。

3.“关爱生命，从小做起”参观消防展馆活动

为进一步提高我园教师和幼儿消防安全防范意识，帮助和引导幼儿学会自我保护的技能。我园开展了“关爱生命，从小做起”参观消防科普展馆活动。在解说员的介绍下，家长和孩子们兴致勃勃地观看了火灾动画、模拟拨打119电话、亲眼目睹起火后的灭火方法、寻找厨房里的火灾隐患、模拟火灾逃生等，充分了解和学习了许多贴近生活的消防安全知识，讲解员还亲自示范逃生的方法，让孩子们在游戏中就学会了最基本的消防安全常识，增强了消防安全意识和自防自救能力。

三、家园同心，筑就安全堡垒

为进一步做好我园安全工作，构建安全管理长效机制，增进家庭和幼儿园间的相互合作与配合，积极发挥家长参与幼儿园安全管理的作用，加大安全管理和隐患排查、治理的力度，确保幼儿园安全工作的实效性。

1. 完善制度，明确职责

修改完善了安委会的制度，明确安委会家长的职责。安委会家长每月按期参加幼儿园安全巡查，在活动中能积极大胆地提出意见或者合理化建议，为幼儿的安全出谋划策，保证幼儿在园在家的安全。

2. 保驾护航的安全志愿队

每天早晨入园期间，有不少的车辆经过幼儿园门口，影响了幼儿入园的安全。对此，我们召开了安委会，征求家长的意见和建议，并向园领导汇报，积极联系了市南交通大队、教体局安全科等部门，协商门口停车事宜。在未得到交通大队的帮助后，我们安委会在园长的支持下，成立了家长安全志愿者服务队，家园携手保护孩子的入园安全。并通过安委会向全园家长发出倡议，不在门口停车接送幼儿，每个班级成立2～4人的安全志愿者服务队，每天早晨在幼儿园路口规劝来往车辆不要从幼儿园门口经过，保证入园孩子和家长的安全。

3. 走进幼儿园的消防培训

为普及消防安全知识，进一步强化家长的消防安全意识，预防和减少各类火灾事故的发生。我们开了“我是幼儿园主人翁”的安委会消防培训，家长们了解到防火灭火知识，就火灾的危害、如何避免火灾、如何自救逃生及如何使用消防工具，并进行了灭火的实操演练。家长表示此次讲座让他们受益匪浅，不仅开阔了他们的眼界，还让他们学到了很多消防常识和基本逃生技能。

4. 查找隐患的安全巡查

在每月的安委会活动安全巡查中，家长们认真负责，通过实地检查，也确实发现了不少的问题。如操场地垫的不平整、活动器械的破损、安全标志的不明显等，家长们给予了大胆的指正。我们积极联系了维修的厂家维修了户外玩具，门卫保安和保洁师傅一起修复了地垫等，保证了孩子们的户外活动安全，通过每月安全巡查活动，调动了家长参与幼儿园安全管理的积极性，家长们充分了解幼儿园安全工作。

5. 温馨提示的节日一封信

为了让幼儿园全体家长们了解到在家庭中应如何培养幼儿的安全意识，我们安委会成员拟定了节假日安全一封信。每当节假日时，会根据季节的变化和节日的不同，以家长信的形式告知放假时间和安全注意事项。例如：家庭的防火小常识，家居中的安全（包括水、电、火等常识），以及在游玩过程中的不跟陌生人走和食品安全等。把安全教育也延伸到家庭中，达成了家园安全教育一致性，使幼儿园的安全教育工作更具针对性和实效性。

四、积极预防，安全措施落实到位

1. 加强门卫管理

为了幼儿园的安全，门卫师傅轮流值班，严格执行门卫工作制度和外来人员的登记制度。有人来访，认真做好登记，严禁陌生人进入幼儿园。

2. 做好园舍、设施设备安全检查

每天、周月对幼儿园园舍、设施设备采取定期和不定期抽查，如水、电、燃气等安全工作重点检查，每学期更换一次幼儿饮水机的滤芯，物业电工来园检查一次幼儿园的电源、电表，并做好记录，保证万无一失。户外大型活动的器械有专职人员负责检查，发现问题及时解决，确保幼儿园的平安。

点燃智慧，让音乐活动绽放光彩

——音乐领域组专题研究

朱雪娟

艺术教育作为幼儿园的一项常规性活动，在幼儿园教育教学中占有十分重要的地位。我们音乐组的教研活动以幼儿发展和教师发展为中心，以《幼儿园教育指导纲要》和《指南》精神为指导，坚持理论学习和教学实践相结合。针对不同年龄段幼儿的年龄特点和发展情况，有目的、有计划地开展好每一次教研活动，从我园实际情况出发，充分发挥教研工作职能，本学期我们也围绕立项课题“幼儿园声乐教学意境、趣境、乐境有效性的研究”开展各项工作，并取得了显著成效。我们将继续本着“不断学习、不断摸索、不断实践、不断创新”的思想，积极参与，积极探讨，共同努力让我们的音乐教学呈现新的起步。

一、优化队伍——音乐领域组建设的起点

“兴趣是探究的动力。”这句话同样适用于我们音乐领域组的初期建设上。建组初期，我们邀请园里有音乐特长和在音乐教学领域有一定经验的教师，以及对音乐教学领域有着浓厚兴趣的青年教师共同参与到组里来，为着共同的目标走到了一起。在我们音乐领域组这个小团队中，不论是园级名师、骨干教师，还是青年教师，大家都互相学习，互相鼓励，互相帮助。青年教师拥有着饱满的学习热情，能虚心学习、积极进取，中年教师睿智而大气，毫无保留地将教育、教学经验与大家分享。自领域组成立以来，大家

始终团结奋进，积极参与，值得高兴的是通过一系列的活动，让我们看到了大家对音乐教学的日益重视，更值得高兴的是大家有了更多尝试音乐教学的勇气，相信我们今后的音乐教学工作一定能逐步凸显特色。

二、勤于学习——音乐领域组工作的源泉

领域组是推动音乐教学前进的阵地，是教师音乐教育专业化成长的摇篮。开学初，我们音乐组认真制订教研活动计划，明确了本学期实验的重点、要求与进程。然后各组员再根据总计划，有针对性地制订出具有个人特色的课题计划，以便于每个人都能根据自己的实际情况，从不同的角度或不同层次来开展实践。我们通过多种形式展开教学研究活动，认真组织学习，重温《指南》和《幼儿园教育指导纲要》，继续学习音乐教学的理论，将理论融入到日常的音乐教学活动中。相信只有不断提高教师的思想素质，提升教师的专业素养，才能潜移默化地去感染幼儿，只有不断学习、不断思考、不断实践、不断去探索问题、不断更新教育观念，才能更好更快地提高教育教学技能。通过大家共同的研讨学习，不断提升我们音乐组整体的教育教学水平。

领域组这一学年的常规工作有：每月开展一次课题组例会；每月每人写一篇学习笔记；实行责任制管理，明确课题组各成员的职责和分管的任务，各司其职，使课题组能自觉、健康、稳步地运转与成长；争取学习机会，组织和开展交流活动，学习开展课题实验的方法和经验；写出案例分析和反思；对本学期的研究情况进行总结，撰写论文；收集资料，整理个人资料袋。

三、勇于研讨——音乐领域组建设的依托

1. 专家引领

针对青年教师较多，对教材把握不准的现象，本学期我园邀请有经验的退休园长到幼儿园开展“如何备课”的专题培训。从教材的分析入手，到目标的制定，包括如何朗诵、如何导入，专家进行了深入浅出的讲解，让在座的教师深刻感受到专家的魅力，感悟到备课的重要性和必要性，为教育

教学的开展奠定坚实的基础。

通过专家的定向听课、定向跟踪半日活动，及时发现并诊断教育活动中班级存在的问题；通过专家连环跟进式的指导，发现存在的问题；通过共同研讨、分层调整，小步递进的方式，尽快提高班级一日活动质量，提升教学质量。

随后专家又给我们音乐组的老师开展了名为《让孩子们在“情趣”中走进“歌唱”》的讲座，通过专家的讲座，给大家整理了如何组织好集体歌唱教育活动的相关知识理念，讲座中我们的老师都收获颇多。也为我们今后自己开展集体歌唱教学铺垫了知识。

结合专家引领，我们音乐组的骨干教师姜培培老师也一同执教了大班歌唱活动《娃娃上灶》。在经过了几次集体备课、试讲之后，姜老师和孩子们在歌声中进行了有趣的游戏活动，相信不管是我们的老师，还是我们的孩子，在每一次的活动之后都会收获颇多，相信也只有在不断尝试实践之后，我们才能体会到成功的幸福和喜悦。

2.“公开教学日”教学研讨

“公开教学日”教学研讨是幼儿园近年来的教学研讨形式之一。本学期我们也围绕“幼儿园声乐教学意境、趣境、乐境有效性的研究”开展教学研讨；我们运用了“一课二研”的形式，通过第一组老师的同课异构，大家提出各自看法；通过修改，由第二轮老师再次执教的形式，不断探究“三境”的有效实施策略。我们以园本课题为研究重点，以新课程方案为抓手，加强每位教师对教材的设计思路与教学思想的理解和把握，通过同课异构、一课二研、现场模拟、磨课研讨等方式，引导教师努力实现教材与幼儿实际活动的对接。相信通过不断的实践研讨，老师们的音乐教学能力一定会取得实效性的提升，有效促进教师的专业成长，给我们的教研增添更多的活力。

3. 青年教师显特长

青年教师是我园的主力军、接班人。我们音乐领域组的姜培培老师就在不断地研究、尝试音乐教学，并通过自己的努力让我们看到了她的特长和教学特色。作为市南区中心教研组的成员，姜老师在上学期的市南区中心教研组青年教师教育活动展示中，执教了一节大班音乐活动《快乐的小精灵》，获得了一致好评。在年终，姜老师又代表幼儿园获得了市教育局的好评，作为一名青年教师，姜老师用自己的努力探究、勇敢实践、勤于反思，收获了丰硕的果实。相信只要有付出就会有收获。相信我们青年教师的教学之路会越走越精彩。

四、成长收获——音乐领域组质的飞跃

我们相信“一分耕耘一分收获”，付出后，总会有收获硕果的时刻。在研究过程中，老师们通过“学习——思考——实践——反思——改进——再实践——再反思——再改进”的研究方法，不仅提高了课堂教学效果，也增强了理论知识，有效促进了专业化的成长和教研水平的提高。经过这个音乐课题的多次研讨，我们研究组成员在音乐教学中达成了以下几点共识。

(1) 音乐教育目标的定位，要注重以幼儿自主的表达及真切的体验为主，同时考虑幼儿在音乐活动过程获得怎样的情感、形成哪些的态度。

(2) 音乐活动的内容，最好是幼儿生活中感兴趣的、熟悉的素材，更有利于激发幼儿的情感共鸣和参与的积极性。

(3) 音乐教育方法应多运用情境激趣法、感受体验法、合作表现法等多种方法，并能有机结合、灵活运用。

实践证明，这样使“静态”的音乐活动变得“动态”和有效。令我们的孩子们在各方面也进步明显。

1. 幼儿的认知得到发展

通过课题研讨中一系列活动的开展，幼儿的音乐感受力得到了很好的提高，同时也提高了幼儿的理解能力和分析能力，使幼儿在其他学科的学习中触类旁通，思维活跃，反应敏捷，动手、动口且动脑，形成了良好的学习习惯。

2. 幼儿的独立性、自信心得到充分的发展

敢于尝试的习惯使幼儿的独立性、自信心大大增强，表现为解决游戏中的矛盾的能力和交往能力增强，在陌生环境中不胆怯，敢于大胆表演，自控能力强。

3. 幼儿语言表达能力和动作协调能力得到发展

幼儿在理解作品时，所感受到的音乐一般是通过语言和动作表现出来的。因此，幼儿的语言表达能力和动作协调能力也由此得到了很好的发展。

4. 幼儿的注意力得到发展

感受音乐，必须要静下心来认真聆听音乐。在实践的过程中，幼儿养成了安静聆听的好习惯，相应注意力也得到很好的发展。

五、新的起点——音乐领域组未来的展望

在这春暖花开的日子里，相信不管是我们还是孩子们，都或多或少地收获了宝贵的经验财富，相信只要坚持，我们收获的将会更多。相信只要我们勤于学习、勇于实践、勤于反思、敢于创新，我们的音乐教育一定会凸显特色。让我们一起，脚踏实地走好教育工作中的每一步，在未来的日子里收获更多的果实。

心之所向，聚焦细节

——幼儿园班级管理工作之我见

郭　怡

作为一名工作十余年的教师，多年来一直担任班主任无疑是对自身一个锻炼，也是一个提高自我的机会。在前进的路途中，我深深体会到做好细节是一种认真的工作态度，是一种科学的工作精神。把每一件简单的事做好就是不简单，而把每一件平凡的事做好就是不平凡！正是本着诚心、爱心、细心、真心的工作理念，才能把握住细节中的进取得失，为扎实有效地开展班级各项工作做好铺垫。

一、用诚心提高班级凝聚力

作为一个小团队，班主任起着“承上启下”的关键作用。上至完成幼儿园布置的日常工作，下至与配班老师、家长的协调合作，事无巨细都要亲历亲为。但并不是班主任“唱独角戏”，而一个团结向上、配合默契的集体是开展一切工作的前提，也能更好地发挥各自的优势，使班级氛围更具开放性与凝聚力。虽然我是班主任，但也是最年轻的。有道是“三人行，必有我师焉”，两位配班老师年龄比我大，无论是带班经验还是人生阅历都比较丰富。因此，我非常愿意听取她们就某一问题的看法，以弥补自己经验与阅历方面的不足。如配班老师带小班经验丰富，而我不懂得如何安抚哭闹孩子的情绪时，我就经常向她请教学习用拥抱、讲故事等方式分散哭闹孩子的注意力。就连给孩子喂饭、穿脱衣服这样简单的事情都要试着来做。而我则将外出学习的新思路与她进行探讨,使老教师能不断转变教学理念与教学方法。经常与保育老师就卫生工作与一日活动环节衔接等问题进行协商,大家能根据班级问题敞开心扉,互相指出不足,彼此都能虚心接受。在这种和谐的工作氛围中,配班老师对班级的工作不再是"言听计从"或"漠不关心",而是能积极提出自己的看法,为班级工作出谋划策。工作上只凭我一人的想法思路受局限,而在与配班老师的交流过程中,就会迸发出许多富有新意的火花,使班级工作更加具有创新性。

"诚心换信任,真情赢友谊"。在这种互助进取的氛围影响下,班级各项工作在大家的共同努力过程中达到最佳的效果。使班级成员之间工作不分彼此,心往一处想,劲往一处使。每个成员都能以团结的精神、愉悦的心情、创新的意识迎接工作中的各种挑战。

二、用爱心滋润幼儿快乐发展

《纲要》指出:"老师的态度和管理方式应有助于形成安全、温馨的心理环境。"而老师的态度和管理方式,都要以爱孩子为出发点,要体现在点滴之中,只要用心发现与体会,就会有很多表达爱的方式,也会让更多的孩子感受到爱。我教小班的时候,发现每次站队孩子们都要抢排头,队伍总是站得又慢又乱。一天站队时我听见典典说:"豪豪总是当排头,老师又是拉他的手!"哦,原来是因为排头很少更换,所以老师每次总是拉的是那两个孩子的手。更多的孩子希望当排头后,老师也可以牵着他们的手啊!由此我想到,孩子们之所以会"抢"老师的手,是因为年龄越小的孩子,越需要成人肢体上的亲密接触,他们都有亲近老师的愿望!尽管是一个再简单不过的肢体接触,却可以给孩子们以爱的抚慰,或是给内向、刚入园孩子们以安全感,拉近与老师的距离。从此,我们班的排头开始轮流担任。每当拉手时,我会不时的捏捏揉揉他们的小手,听着他们咯咯的笑声,看着那红扑扑的笑脸。真希望借由这手掌间彼此温暖的瞬间,让每个孩子都能感受到:老师喜欢我!

爱孩子,不需要任何浮夸的口号,就是把对孩子的爱落在实处、细节之处。当你踏上工作岗位的那天起,爱孩子、关心孩子就要成为一种本能!老师对于孩子的爱，在我看来更多的是温润在每一个平凡的日子里。如春雨般在“润物细无声中”呵护孩子们幼小的心灵，陪伴每个孩子走过这段快乐美好的时光！

三、用细心保障幼儿健康安全

《纲要》中指出：“幼儿园必须把保护孩子的生命和促进孩子的健康放在工作的首位。”安全问题无小事，时时处处要注意。尤其是小班孩子，他们的集体意识还很薄弱，注意力容易分散，如果老师不加留心，很有可能发生安全事件。老师在树立安全意识的同时，更重要的是引导孩子树立保护自己和他人的方法和意识，尽可能地避免问题的发生。我们班的安全工作主要分为三部分：一是注重户外活动，针对每次的户外场地，让孩子自己提出安全要求。如在沙场玩，孩子们会提出不能扬沙，沙子会让眼睛不舒服；在滑梯玩时，要排队不能推，也不能站在滑梯上等。春游或外出远足时，进行外出“演习”，练习走队，不能注意力分散，要跟紧队伍与老师。二是教室内每天要检查有无安全隐患，填写安全记录。随时发现如钉子、桌面起角等。将可能出现的安全问题进行解决。时间一长，孩子们也自然知道安全的重要性，有时一些小问题都是孩子及时提醒告知老师。三是结合安全教育，每周都会选择一个与孩子生活经验相关的安全教育内容。如玩滑梯时怎样玩有危险？为什么不能在教室里跑动？小便、洗手时如果推挤会怎样等。通过这些细节处的安全教育，使孩子们在一日活动中面对不同的地方能时刻清楚相关的安全要求，懂得了在不同场合保护自己和他人的方法。

随着对孩子身心健康的了解和责任意识的增强，曾经粗心大意的我，逐渐习惯于每时每刻把孩子的安全、健康放在首位，学会时刻关注察觉每一个孩子的情绪、身体的变化，并及时予以适当的照顾。而这些保教经验正是在一个个细节中积累的。孩子每次喝水时都要看着喝满一杯；甚至稍微感觉孩子不舒服，都不能马虎大意。有一次在给孩子整理衣服时，我突然察觉有个孩子的身体很热。一测体温，果然发烧 38 ℃。由于发现早，诊治及时才没有引发其他症状。孩子们在园的身心健康安全与否全系于老师的一念之间，老师的工作不仅需要爱心，更重要的是细心！必须要眼到、心到、手到。才能保证孩子在园生活是安全、健康的。

四、用真心赢得家长的理解支持

初当班主任都有着意气风发，准备大干一场的决心。可是毕竟年轻，在处理很多问题上，特别是在家长工作上，很多事情难免有欠考虑，沉不住气。看到有些家长不理解工作，就会感到受挫、委屈。但随着工作的深入开展，使我愈发体会到，要想得到家长理解，只停留于形式上做文章是不够的。我首先调整与家长交流的态度、方式以及内容，设身处地地站在家长的角度考虑，拿捏好“度”是非常重要的。虽然和家长们有一定的年龄差距，但我仍然尝试站在不同的角度，以朋友的身份，从孩子发展、老人心态或是父母教育方式等方面与家长交流。对于家长的疑惑、需要或不满，及时沟通了解，并将问题或矛盾通过耐心的工作使之消除在萌芽阶段。家长对我们的工作持审视观望的态度，甚至还会“挑刺”是可以理解的。只要孩子们在幼儿园是开心的，他们能健康成长、快乐发展，家长就会认可并产生积极支持工作的动力。

从这学期的一系列活动中就可看出，家长们参加幼儿园活动的积极性明显提高。尤其是参加民间游戏“跑旱船”的活动中，由于道具比较复杂，数量也较多。情急之下，才想到麻烦家长帮忙。没想到家长们不仅积极准备，而且件件做得精致，有的甚至还反复制作多次。奶奶们也做起了针线活，做出一件件可爱的小肚兜。当孩子们穿着自制的精美小旱船，随着音乐翩翩起舞时，现场观众和家长们都为之吸引，演出非常成功！而此时我心里则深深地感受到，家长们参与幼儿园活动主动性和积极性与否，犹如一面镜子，既折射出家长对幼儿园工作的关注，也对照出对老师工作状态的认可。

由此可见，尽管家长千差万别，对老师、对孩子的要求与期望也不完全相同。但只要本着“尊重、平等、合作”的原则，学会了换位思考，想家长之所想，一句诚心的“对不起”，一句谦逊的询问，一句“谢谢，给您添麻烦了”，都会将误会化解在相互理解当中，也会让困难迎刃而解。“路遥知马力，日久见人心”，在相互理解、相互尊重、相互合作中，才能使家长对老师产生信任感，也让这份情谊愈发难能可贵！

我深知，距离成为一个优秀的班主任还有很长的一段路要走。但不积跬步，无以至千里。只有一步一个脚印，用心把握住细节中的点滴之处，扎实细化工作中的优势和改进不足。相信通过我的努力与真诚付出，一定会赢得更多家长的肯定与支持，用自己全身心的努力，为幼儿的成长铺就一段美好的历程。

我们一起走过

幼儿园的教育活动，是教师以多种形式有目的、有计划地引导幼儿生动、活泼、主动活动的教育过程。

不哭的孩子最坚强

金　源

洋洋特别爱笑，而且每天见到老师都会很有礼貌的主动问好。但他又是一个“爱哭鬼”，每当遇到不会的事情，他就会坐在一旁小声地哭泣。洋洋的妈妈说：“洋洋动不动就哭，性格比较脆弱。”但又不知如何教育他，为此也很苦恼。作为一名幼儿教师有责任了解孩子的内心世界，帮助孩子正确认识问题，健康快乐地成长，于是我对赵世洋进行了特意的观察。

这天美术活动开始了，小朋友都拿着自己的太空泥制作着美味的“点心”，突然教室里传来了“呜呜”的抽泣声。我顺着声音走过去，发现是洋洋在座位上小声哭泣。“洋洋为什么哭呢？”我问。“老师他没有太空泥。”旁边的小朋友说。我忙对他说：“遇到困难可以请老师帮忙，哭是解决不了问题的。”洋洋回答：“我知道了。”

区角活动时间到了，美工区的小朋友都在自己动手制作着纸杯小动物，洋洋一会儿粘粘眼睛，一会整理整理耳朵，认真极了！活动即将结束时，我提醒还没有做完的小朋友时间马上到了。这时候洋洋开始在角落里将纸片大块地撕下，胡乱抹点胶水就黏在了纸杯上，并用手抹着眼泪。我走过去轻轻的询问着赵世洋哭泣的原因，原来是看到别的小朋友都结束了自己的手工制作，十分的着急。我拍拍洋洋的小脑袋，对他说：“没有做完没关系，下次区角活动的时候可以继续做！”

通过与洋洋爸爸的沟通，我发现赵世洋在家中过度地受到了家人的疼爱，家长包办了许多的事情，洋洋失去了很多自己动手的机会，致使赵世洋遇到困难不能自己去想办法解决，所以变成了一个小“爱哭鬼”。

对于赵世洋的这种爱哭的行为，我采取了下列措施：

一、冷静处理

对孩子的哭采用中立态度，先让他冷静下来，自己停止哭泣，当他冷静下来以后再询问原因，帮助他寻找解决问题的办法。

二、挫折教育

要善于观察，当孩子遇到困难时，能及时地帮助，鼓励他去战胜困难。成人可以经常讲一些有关勇敢的故事，也可以有意识地给孩子设置一些适当的障碍和困难环境，让孩子在困难的条件下学习、活动，如鼓励孩子在寒冷的天气里坚持锻炼等。

三、设置情境

把孩子的故事编成童话剧，让别的孩子演爱哭的小动物，这位孩子演其他的角色，结束后让大家讨论，让他明白爱哭的孩子会让人觉得厌烦，从而会失去很多朋友。同时，也要让他从第三者的角度去体验和感受常哭会给别人带来困扰。

四、适时鼓励

老师和家长不要随便给他贴上一个“爱哭孩子”的标签，不要当他的面和别人谈论他的哭，以保护他的自尊心。多用鼓励和表扬。

五、家园配合

与家长及时的进行沟通，建议他们当孩子在生活和学习中遇到困难时，大人不要包办代替，要让孩子自己动手克服它、战胜它，只有在必要时才会助其一臂之力。并且，在教育孩子的时候做到统一、一致。如果家庭内部在教育子女时不能做到统一，孩子永远都无法教育好，只有家庭内部统一了，孩子没有了“庇护神”，也就自然容易教育了。

总之，教师要善于观察，善于分析，真正走入孩子的内心世界，根据孩子的年龄特点和学习规律，选择合理的、有效的教育方法和策略实施教育，使孩子能真正地健康快乐成长。

多彩的民间艺术——京剧脸谱

吴玉虹

民间艺术是人类文化体系的重要组成部分，它是一种大众的艺术形式，是最直接的来自生活、反映生活的艺术。在《幼儿园工作规程》中指出：幼儿园要将萌发幼儿爱祖国、爱家乡、爱集体、爱劳动的情感，萌发幼儿初步的感受美和表现美的情趣作为保育和教育的主要目标之一。《幼儿园教育指导纲要》中指出："充分利用社会资源，引导幼儿实际感受祖国文化的丰富与优秀""适当向幼儿介绍我国各民族和世界其他国家、民族的文化，使其感知人类文化的多样性和差异性，培养理解、尊重、平等的态度。"在幼儿园进行民间艺术欣赏活动，让幼儿感受民间画艺术的精髓，不仅能使幼儿在现代文化氛围中汲取民族文化的精华，而且能扩大孩子们的眼界，在他们幼小的心灵中播撒民间艺术的种子，激发求知欲和学习兴趣。

本学期，开展了"多彩的民间艺术"主题活动，在活动区活动时投放了各种材料来制作"京剧脸谱"。首先，我向孩子们简单介绍了京剧脸谱的来历及含义。然后，运用 PPT 课件让孩子们欣赏传统京剧脸谱图片，在孩子们欣赏的过程中，他们立刻被这些奇特的脸谱图片吸引了，在充分的欣赏观察后，孩子们迫不及待地"工作"起来。

片段一：

一部分孩子来到了桌边，被桌上的各色纸浆吸引了，聪明的壮壮说："纸浆做的脸谱真好看，我们一起来做京剧脸谱吧。"于是，壮壮和康萍、宋扬子小朋友坐在一起，只见孩子们在壮壮"小老师"的带领下，拿起了小瓶子里的镊子，认认真真地埋头苦干起来，康萍说：“京剧脸谱应该是彩色的啊，像这样才好看，而我们的纸浆颜色是白色的，好像不是很好看。”宋扬子说：“那儿不是有颜料吗？我们再加工一些带颜色的吧！”于是，孩子们拿来了颜料和胶水，开始在纸浆里调色，调好色后，孩子们开始制作脸谱，没过多久，京剧脸谱就有模有样了，他们一边做一边讨论制作的方法……大家相互欣赏起来。

片段二：

王馨悦和她的好朋友叶锦宜在欣赏完电脑里的京剧脸谱图片后，仔细观察教室里的其他京剧脸谱作品，并且纷纷赞叹起来：“哇，挂在墙上的真好看呀！”这时，她和叶锦宜一起来到美工区，看到筐子里上了色的鹅卵石，她们拿起勾线笔在鹅卵石画起了京剧脸谱

眼睛亮亮的黄熙予发现了墙边的橱上放着很多空空的、光光的，什么也没有的鹅卵石，于是她也选了块大的鹅卵石开始制作脸谱了……没过多久，一件件精致的作品纷纷出台，展示台上的京剧脸谱琳琅满目起来。

片段三：

活动区结束时，孩子们围在了展示台的边上，欣赏起了同伴制作的京剧脸谱，非常地骄傲。这时，我放起了《说唱脸谱》的歌曲，孩子们边看边模仿起来，有的摆起了京剧的pose，有的哼着小曲脑袋直晃……完全陶醉在其中，粗略一看，还真有那么回事！

显而易见，这次活动取得了成功，收到了预期效果。活动中老师为幼儿所提供的各式各样的材料，起到了很好的引导与支持作用，使幼儿轻而易举的联想并构思出脸谱模样。

特别是在本次活动前，多次播放了各种京剧脸谱图片和墙壁上悬挂的不同脸谱模型等都让孩子对此产生浓厚的兴趣。孩子们都有主动参与的兴趣和动手操作的愿望。这是孩子们的一种想积极表现表达的需要。

一、情趣引导

通过活动，孩子们不仅对“京剧脸谱”产生了浓厚的兴趣，而且对京剧和京剧中的人物等传统文化情有独钟，孩子们非常愿意动手做脸谱、画脸谱。甚至，有的孩子已不满足现状，主动地过来问我：“吴老师，可不可以用这些东西制作京剧脸谱呢？”于是，为了满足孩子们的需要，我想到了制作纸浆活动，我班的班级特色是民间艺术，这也给孩子们提供了一个很好的了解传统文化和自我展示的平台，那为何不把京剧脸谱融入到纸浆活动中去呢？于是，我努力去寻找各种和纸浆活动相关的材料，并把这些丰富的材料投放到孩子们操作的环境中。我想，这样可以通过老师投放材料的暗示引导，发挥孩子的主观能动性，让孩子自己发现探索，使京剧脸谱的表现方式更加得丰富和多样化。

二、材料支持

在此活动中，根据课程设置需要，我在活动区投放了多种多样的操作材料（如太空泥、奶瓶、鹅卵石等）和相应的辅助材料，这些暗示材料的提供，给孩子们提供了极大的艺术想象和思想表达的空间，很好的丰富和拓宽了孩子们的想象思维，满足了孩子们探索创造的需求。让孩子们在老师的暗示材料中得到启发，获取灵感，各寻所需，个性制作。这不仅拓展了孩子们对"京剧脸谱"表达表现的方式，使它的表达表现方式更加得个性化、多样化，而且，也使原本简单的平面制作、操作活动变得生动立体起来。

活动中，老师始终是一个观察者、引导者、支持者，仅仅为孩子创设一个相应的活动环境，满足孩子们的兴趣和需要，为孩子提供相应的操作材料即可。活动中更多的是发挥孩子们的主动性，鼓励孩子们自主发现、选择、探索。使孩子们在操作探索中，能够比较完美地展示出了京剧脸谱的基本特征，也使孩子们在制作过程中收获成功的喜悦和经验。最后，当《说唱脸谱》的歌曲响起时，孩子们又大胆自信地表现起来，使孩子们在展示才艺的同时，情绪得到释放，情感得到升华。

牙齿的秘密

吴莉莉

在音乐活动“牛牛的牙齿”之后，牙齿一时间成了孩子们的热议话题，王溪乐和王淑涵还有琪琪三个人都张着大嘴巴互相看着对方的牙齿，这时候黄子轩挤了进来好奇地问：“你们干什么呢？”琪琪说：“我们在看牙齿呢。你的牙齿有没有掉的？”黄子轩说：“我有两个牙齿拔掉了。”一边说着也张开了大嘴巴，还用手指着自己的两颗门牙说，“就是这个牙齿。”其他三个人立刻凑过去看了起来，问她：“拔掉的？让我看看哪个牙？疼不疼？怎么拔的？”黄子轩说：“很疼，是个女大夫给我拔的牙，拔出来的牙上还有血呢，她说让我多吃硬东西。”黄子轩的话让其他三个孩子又新奇又害怕，不自觉的都在咧嘴，舔着自己的小门牙。这时候同一个桌子上的其他的小伙伴也参与了进来，大家也都好奇黄子轩被拔掉的牙，孙小涵也走过来说：“我也是拔掉的牙，因为里面已经长出来新的牙齿了。”

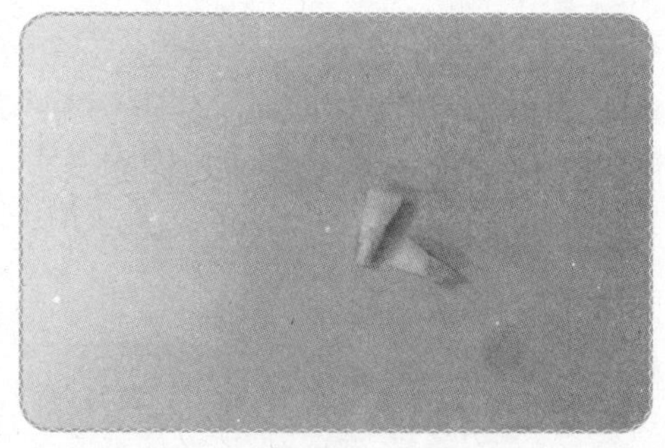

看到孩子们的热烈交流，我也参与了进去，我表示对拔掉的牙很感兴趣，问道："为什么牙齿要拔掉？拔掉的牙是什么样子的？"还征求问黄子轩和孙小涵可不可以把他们拔下来的牙齿带来给大家看看，两个孩子兴奋地说："可以，可以！"就这样我们第二天又进行了新的研究，孩子们在自己的观察中发现拔下来的牙齿很长，顶上的大一些，下面的比较细、比较长，像个圆管形状，而且中间是有一点空心的样子。于是我又抛出了问题："为什么拔出来的牙齿会这么长？"有的孩子说："因为牙齿是要插在嘴巴里一块的。"我接着问："那插进去的那一部分是牙齿的什么地方？"孙嘉言说："是牙根。"我说："哦，原来是牙根呀，可牙根是插在哪里呢？"这时候王溪乐大声地说："是插在牙龈里，妈妈昨天和我一起看图书了，就是插在牙龈里。"说着她还咧开嘴巴指着牙龈给我们看。

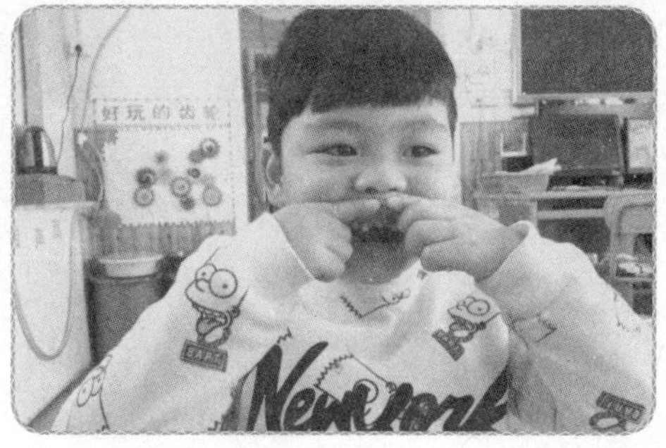

接连几天孩子们围绕着牙齿展开了很多的讨论，例如：“为什么医生要让我们多吃硬的东西？”“牙齿的种类和作用”“每个人的牙齿有几颗？”“怎样刷牙最正确？”等有趣的话题，还一起制定了“护牙宣言”，并开始制作了“刷牙记录评比表”，督促小朋友养成良好的刷牙习惯。

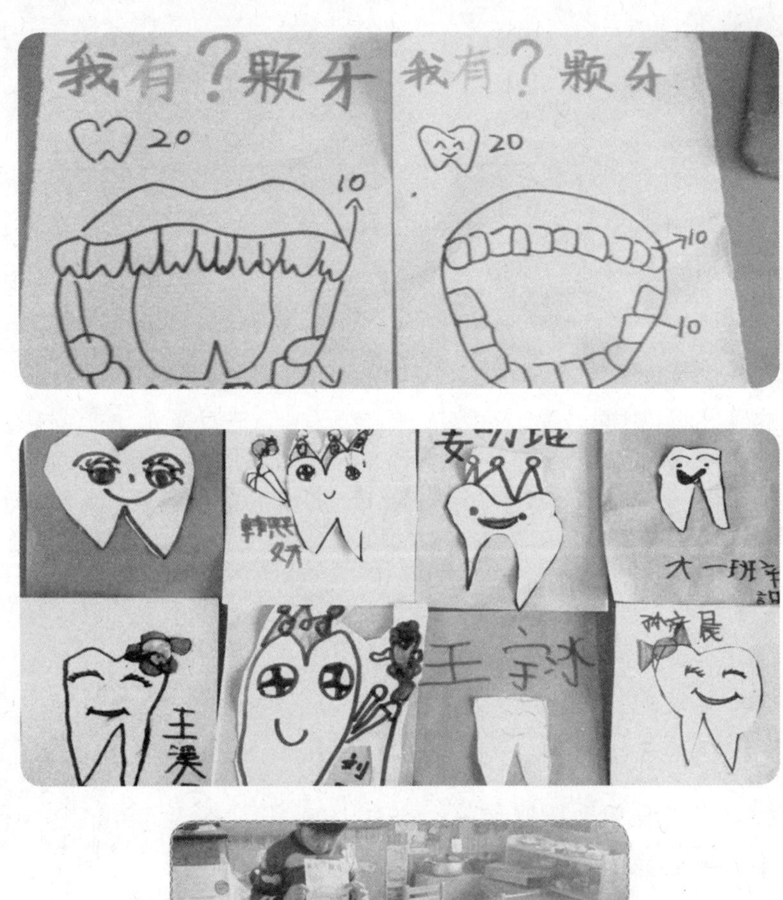

在这个过程中，我运用了以下教育策略。

情感统一策略。将自己融入到孩子们的情感中，和他们统一站位，支持认可他们的好奇所在，表示对他们的话题好奇和关心，让他们更有探究下去的自信。例如，最初的讨论因为有了老师的认可才有了后来的进一步探究，让牙齿的研究更为有趣、深入。这种情感的统一还可以根据幼儿的研究过程给予肯定、鼓励和表扬，遇到困难时的理解与安慰。

抛接球式策略。好奇心是学习研究的动力，我通过具有启发式的疑问，让孩子们自己产生问题，然后鼓励他们进行深入的研究从而解决问题。例如我问他们："你们看这些已经开始换牙的孩子们，他们换牙的顺序有什么特点？有什么相同之处？为什么会这样？"从而引发了孩子们研究了"牙齿的名称和作用""换牙的顺序"这两个小主题。在这个过程中幼儿是主动的、积极的、有兴趣的。而且通过教师有目的的抛接球式提问引发，可以帮助幼儿的研究更有价值和教育意义。

家长参与策略。《纲要》指出："家长是幼儿园教师的重要合作伙伴。应本着尊重、平等、互惠的原则，吸引家长主动参与幼儿园的教育工作。"因此在这些生成活动的过程中，我们请医生家长来园进行志愿者执教，帮助幼儿了解牙齿的基本构造和牙齿的名称，了解不同部位的牙齿的作用；另外家长被幼儿的主动学习的积极性吸纳了进来，主动地陪伴幼儿收集了有关牙齿的图书、玩具和简单的护齿知识。作为教师要及时肯定家长的配合与支持，也应该务实地做一些工作帮助家长共同促进幼儿的良好习惯的养成。例如很多幼儿听到评比才更加主动的刷牙，为此老师设计了"护齿小卫士评比表"，让家长在家里对于幼儿表现给予评价，将评价记录每周与老师反馈一次，教师再通过评比、奖励等措施与家长合作促进幼儿的成长。

我是爱牙小卫士

幼儿姓名：　　　　　　　　　　　　日期：

星期一	星期二	星期三	星期四	星期五	星期六	星期日

环境互动策略。《纲要》提出:“引导幼儿在与环境的积极相互作用中得到发展。”因此我们在区角里提供了牙齿的模型和牙刷,让幼儿练习正确的刷牙方法;布置了一个牙齿的绘画展板,抒发幼儿的掉牙心情;张贴了海报“我的牙齿有几颗?”激发了幼儿对自己身体的探究兴趣;还让孩子们将自己换下来的乳牙做好标志,带来供同伴相互观察;通过丰富区角材料促进了幼儿与环境的互动,引导幼儿从牙齿研究逐步意识到每个人都是不同的个体,每个人都有自己的特点,是独一无二的。这也体现了我园和谐教育下的人文观念。

通过这样一次由幼儿间的谈话而生成的系列活动,让我更加深刻地理解了《指南》中“理解幼儿的学习方式和特点,幼儿的学习是以直接经验为基础,在游戏和日常生活中进行的。要珍视游戏和生活的独特价值,创设丰富的教育环境,合理安排一日生活,最大尺度的支持和满足幼儿通过直接感知、实际操作和亲身体验获得经验的需要”这句话。孩子们的成长需要给他们自己质疑、探究和解决问题的空间和时间,只要教师给予正确的回应和支持,孩子们的成长一定会是快乐的、积极的。

“娃娃家”里的哭声

黄丽荣

今天早上的教室里是一片“繁忙”的景象：孩子们各尽其“职”，各自在自己所扮演的角色里，正为“小大人”们欢快的游戏感叹时，突然，从教室里传来了“哇……哇……”的哭声，我赶紧快步走到教室里，原来是刘皓元在哭，旁边还有几个围观的小朋友。我上前询问：“皓元你怎么了！发生了什么事？”“杨晓璐欺负刘皓元，刘皓元就哭了。”围观的小朋友争先恐后地告诉我。我看了看，只看见杨晓璐皱着眉头低着头，还不停地摇着手说：“不是我，不是我。”看着她惊慌的样子，我意识到事情肯定不是小朋友说的那样。我没有马上责备杨晓璐，而是先安慰皓元止住哭声。而后低下身子轻轻地询问杨晓璐。

在我的询问下事情终于真相大白：原来今天早上区角活动刘皓元在“社会区”里购买了一篮子零食，他右手捧着几罐饮料左手拿着一篮子零食左摇右晃地从商店里走出来，他正要去“娃娃家”看娃娃，恰巧碰到路过的杨晓璐，只见杨晓璐一言不发伸手去帮忙，把拿东西的刘皓元给“抢”了。刘皓元手里的物品撒了一地。这一冒失的行为引起了刘皓元的误会，以为杨晓璐去抢他的东西，就哭起来了。于是，就出现了开始的一幕。

在活动区结束评价时，我把这件事设置成一段图片小故事情景，向幼儿提出问题：“如果你遇到了这种情况，会怎么做？”鼓励幼儿思考、讨论，尽可能讲出各种解决问题的途径和方法，让幼儿对每个图片所产生的不同后果用讲述的方法进行比较，从中选择解决问题的最佳办法。让孩子们懂得在帮助别人之前，要征求他人同意："你需要我帮助你吗？"或"我来帮助你，好吗？"等等，就不容易产生误会。

在这个学习故事中，我运用了三个回应策略。

一、安抚询问式教育

在发现事情发生的时候，我并没有直接批评杨晓璐而是先安抚刘皓元，让她自己冷静下来以后问情原因，这样既不会错怪其他小朋友，也不会让受委屈的孩子感到冷落。

二、情景再现式教育

把发生的事情变成情境小故事，让全体幼儿了解事情的起因，自己讨论想办法。让幼儿自己成为自己的主人，相信以后发生这样的事情孩子们自己一定能处理好。

三、情感式渗透教育

现在的孩子大部分是独生子女，不懂的相互友爱、不懂得和同伴友好相处，有时出发点是好的，正是因为不懂得如何交流让别人误会。所以把礼貌教育和情感教育渗透到一日活动中，就很有必要。

通过这件事让我觉得当孩子产生了关心、帮助别人的动机时，教师要及时地教给幼儿互助友爱的行为方式，让孩子在交往中避免这种无意过失的现象。作为教师我们应当给予孩子们阳光、温暖、支持，让他们愉快的生活；让他们可以和同伴手拉手互相学习、共同成长。

咦，这是什么花？

刘　俊

午饭后我和孩子们在后院一起散步，孩子们三三两两的讨论着。“太阳晒得我睁不开眼了。”“热死了。”……高悦涵说：“咦，快看，地上有几朵小黄花。”其他小朋友一下被她的话吸引了过去。“这还有好多呢！”刘杭雨说。“我这朵有五个花瓣。”“不对，我手里这朵有六个花瓣。”“你的花瓣肯定被你拽掉了。”“没有，我捡起来的时候就五个花瓣！”“咱俩是一种花吗？”他俩不约而同地向我投来了求助的眼光。“你们观察得可真仔细，不仅看到了落到地上的小黄花，还观察到了一朵花有几个花瓣。”他们听了我的话脸上露出了笑容，“可是到底是不是一种花呢？我们一起找找看，看是从哪里落下来的？”

这下热闹起来了，大家都在寻找小黄花是从哪里来的时，根根发现了不远处的迎春花，大喊：“小黄花在这！”孩子们一下子围了上去，大家都拿出手指头在数：“1、2、3、4、5……”“咦，怎么有的是五个瓣，有的是六个瓣呢？”看到他们疑惑的眼神，我笑了：“你们说的都对，这种黄色的小花叫迎春花，迎春花盛开好像在告诉我们春天到了。这种花有的是五个花瓣有的是六个花瓣……”孩子们似懂非懂地点了点头。我接着说：“在我们幼儿园的前面还有一种小黄花，和迎春花很像，你们今天回家的时候和爸爸妈妈一起去看看，那种花叫什么花？它有几个花瓣？和迎春花有什么不一样？明天我们一起来分享好吗？”孩子们兴奋地回答：“好！”

第二天一早，高悦涵就来到我身边，跟我说："刘老师，小区里的那个黄色花是连翘花，它比迎春花开得早，它有四个花瓣。迎春花是向下长的，连翘花是往上长的。"不仅如此，高悦涵还打印了图片。于是我问："是谁和你一起观察的？""是妈妈，我们还一起回家上网查了资料，妈妈让我带来和小朋友一起分享。"我不禁感叹："真是个有心的妈妈！"

在这个学习故事中，我运用了四个回应策略。

鼓励式学习。当孩子向我来寻求答案时，我及时肯定孩子们的观察力，并给予赞美。这种鼓励式学习，让他们以后更加自信的去探索观察，同时也培养了他们发现问题并大胆提出问题的学习品质。

探索式学习。通过同伴间探讨的过程，激发了幼儿的好奇心，我并没有直接告诉幼儿是不是一种花，而是让幼儿自己去探索寻找，并且让他们在回家的路上观察比较迎春花和连翘花的区别，从而培养幼儿的探索欲望。

自主式学习。自主学习，是培养幼儿以后解决问题能力的最好方法，通过让幼儿自己探索学习，自己寻找答案，从而解决灌输式学习的问题，将被动学习改为主动学习。在这个过程中，幼儿的兴趣很高，也激发了幼儿的兴趣和自信，让幼儿真正体验到学习的快乐与成功。

家园合作式学习。由于小班幼儿的年龄特点，很多学习需要大人的陪伴与帮助。通过亲子共同学习，给幼儿和家长搭建在一起学习的平台。同时给予家长在家引导幼儿探索学习的一种导向，从而达到家园共育。

通过这件事，让我意识到：云是慢慢地变亮，花是慢慢地开放，孩子是慢慢地成长。从播种到收获，需要的是漫长的等待，我们只需要欣赏他们成长的喜悦，给他们提供成长的养料。让我们给予充分的肯定、足够的探索。慢下来，静等花开！

有趣的拼图

李　莎

注意：伟伟一进区，就选择了新投放的拼图开始拼起来。刚开始玩一会儿，伟伟就把有关联的图片一下拼了出来，剩下的图片使他皱起眉头来，左试试，右比比都不对，急得直抓头。这时在一旁观察的煜煜兴奋地叫起来："这块应该放在这，你看这不是吗！"煜煜边说边把一块拼图放在了合适的地方。森帝进区后还是选择了大型拼图，他很迅速地从很多小拼图中找出了边缘上的拼图拼搭起来，拼完后，森帝拿起了其他拼图想了半天也没有找到合适的地方，于是他翻到卡片后面，看看标记，很快就找到了对应的地方。当收区音乐响起来的时候，森帝看了看没有拼摆完的拼图，有些不舍地放回了原处。

识别：幼儿对于简单的四拼、十拼的兴趣已经淡化，比较喜欢数量较多、有困难的拼图，但在拼图过程中，幼儿都没有长久地坚持完成拼图活动，拼几下就放弃了的种种现象表明：教师在投放区域材料时对于幼儿的年龄特点和已有经验水平了解得还不透彻，目标过高，导致幼儿"跳"起来也没有摘到"苹果"，从而使幼儿失去了对拼图的兴趣。由此问题，我们改变了材料，投放了难度较小的拼图并对已投放的拼图增添标记的方法，降低了拼图的难度，使不同能力的幼儿都得到了发展。中等能力的幼儿通过观察、操作、互相交流完成了拼图过程；能力强的幼儿根据已有经验完成一部分拼图内容后，又根据拼图标记拼摆了一半多，这说明两种方法达到的效果都不错。

回应：

（1）根据幼儿的兴趣和能力，从两方面入手添加区域材料。① 投放新的拼图材料，分块数量在20件左右，适合幼儿的年龄特点和能力水平。② 在大型数量的拼图上做相应的标记符号，引导幼儿观察、判断，并根据中班幼儿年龄和已有水平，在拼图小卡上标记数量或图形符号，使幼儿能够采用接龙的方式进行拼图，使能力不同的幼儿都可以得到发展。

（2）在区域活动时，可以有目的地对益智区玩拼图的幼儿进行个别指导。帮助其学习观察和分析两幅拼图之间联系的方法，能根据事物之间的颜色、图案等进行判断。

神奇彩虹水

林　嫣

“智慧屋”里热闹非凡，几个孩子在玩魔法彩虹水游戏。江川和王佳其用老师以前演示过的方法熟练地玩了起来。佳其用量勺将水一勺一勺地倒进纸杯里，一杯倒进1勺糖，另一杯倒进了6勺糖。接着，又将食用红色色素倒入了其中盛有一勺糖的杯子里搅拌。然后又把绿色色素倒入盛有6勺糖的杯子里进行搅拌。

他不慌不忙的用滴管吸起了6勺糖的绿色彩虹水，然后非常娴熟地滴到试管里，又拿出一个滴管吸起1勺糖的红色彩虹水，然后轻轻地滴到试管里。“呀！太棒了！”红色的彩虹水稳稳的浮在试管的上端，绿色的彩虹水沉在了下面。佳其激动地说：“林老师，你看我做的彩虹水漂亮吧！”

就在这时，江川也正在进行着自己的实验。他的手有点抖，吸起了红色彩虹水迅速地倒入试管里。然后又用很快的速度吸起绿色彩虹水，猛一下地加到滴管里。“咦，奇怪？怎么颜色混到一起了？”江川很纳闷。我引导他说：“我觉得，你可以先把6勺糖的水加入试管，也许会成功哟，再试一次好吗？”江川

很愉快地答应了。这次，他先加入6勺糖的绿色彩虹水，然后又猛一下加入1勺糖的红色彩虹水。“哎呀，这是为什么呀？”江川奇怪地看了看王佳其。

此时，王佳其又配了另外几种颜色彩虹水。江川有点不耐烦了，他对我说：“林老师，我想玩夹珠子的玩具。”“那你放弃了？不想再试一下了吗？”“可是我总是做不好，真奇怪。”我鼓励他说：“这样吧，我和你一起做，你可以试着放慢速度，滴的时候轻一点，我觉得这次你一定会成功的。”“好吧。”江川听说我要和他一起做，痛快地答应了。第三次实验开始了，江川按照我说的步骤，轻轻地把绿色彩虹水滴到试管里，看到他的手有点抖，我又拿着他的手吸起红色彩虹水，然后慢慢的滴进滴管里。“耶耶……成功啦。”江川兴奋极了，开心地呼喊着。

于江川，是一个遵守规则的孩子。原则性强，遇到不同意见会判断和思考，不人云亦云，遇到问题或疑惑时也会主动寻求答案，当通过观察和论证确定某件事正确的时候，也愿意接受。

王佳其，是个善于思考的孩子。思维灵活性较强，能够通过事物的表象找准实质性规律，在把握核心原则的基础上敢于创新，能够紧紧抓住游戏的规律并改变原有模式，创造性地使用材料，做出了彩虹水。

回应：

请两位小朋友向全班幼儿分享和推广他们的经验，帮助幼儿深入理解图形接龙游戏的特征。为满足孩子们现阶段对彩虹水游戏的浓厚兴趣，跟家长沟通后，鼓励家长和孩子在家玩各种不同形式的色彩游戏。

树叶的秘密

李　萍

秋风瑟瑟，秋天的幼儿园里到处散落着落叶，饭后散步时，孩子们看到地上的树叶都兴奋地踩着。宝宝说："我看到有一棵树上的叶子已经没有了。"妮妮说："这棵树的叶子好大，像扇子一样。"大乐带着一脸的困惑说："这种树上的叶子怎么有的红、有的黄、有的绿，真有意思！"……孩子们对树叶产生的兴趣出乎我的意料，我被孩子们一张张写满"为什么"的脸感动了。

于是我们回到教室，开始了一场关于树叶的开放性谈话："关于树叶你们有些什么问题？孩子们七嘴八舌地说起来："有的树叶为什么到了秋天还不变黄？""有的树为什么现在就没有树叶了？""叶子的样子为什么不一样？""有的树叶摸起来怎么硬硬的？"……

下午户外活动的时候，我和孩子们带着这些问题来到操场上寻找树叶的秘密，我们商量好每人找一棵小植物做自己的朋友，并仔细观察它的叶子，孩子们都认真的观察着，互相分享着自己的发现。

回到教室后，我问孩子们："你们都发现了树叶有哪些秘密？"甜甜说："我看到叶子上有一根根细细的东西，这是叶子的花纹吧！""叶子怎么会有花纹呢？"豆豆在一旁小声地表示不同意。这时，瑞瑞按捺不住了："我知道，我妈妈说那是叶子的叶脉！"我肯定了瑞瑞，谈话继续往下进行；彤彤说："我看到一些皱皱巴巴的叶子，摸起来硬硬的"，圆圆接着说："我也发现了，因为那些叶子都干了。”

之后好几个小朋友都提到了：“有的树叶为什么到了秋天会变成黄色落下来？有的树叶为什么到了秋天还是绿色的？”孩子们你看看我、我看看你，没有人知道答案。我便顺势表示对这个问题也很感兴趣：“是呀！有的树叶到了冬天都还是绿的，这是为什么呢？”这个问题变成了孩子们的小作业，有的孩子说回家问问爸爸妈妈，有的孩子说回家查资料。

第二天，我们开展了一次“常绿树和落叶树”的谈话活动。活动中，瑞瑞带来了答案：“秋天叶子变黄落下来的树叫落叶树，叶子不变黄不落下来的树就是常绿树。”昊昊不信：“不对，我上周去公园捡树叶的时候就捡到了一片绿绿的叶子呢！”瑞瑞说：“那一定不是它自己落下来的，应该是有人去采下来的。”昊昊坚定地说：“不是这样的，我亲眼看见它落下来的。”孩子们七嘴八舌地争论着。我提议：“那我们再去操场上看看吧。”操场上，孩子们在观察时都将眼睛睁得大大的，不一会儿，昊昊兴奋地叫起来：“一片绿叶子落下来了！”“原来真的是这样啊。”

最后，我们一起在网上找到了答案：常绿树虽然有时也会落叶，但是它们不会同一时间一起落。找到答案后，虽然跟瑞瑞之前的认知有所冲突，但他还是非常高兴，因为这是他和伙伴们自己找到的答案，而我，也沉浸在他们的喜悦之中。

在这个案例中，我运用了四个回应策略：

一、兴趣激发

当发现幼儿对树叶感兴趣时，我及时抓住幼儿兴趣点，通过组织开放性谈话的方式，让每一个幼儿大胆提出自己关于树叶的问题，进而激发幼儿对“树叶的秘密”这一知识点的兴趣，引发幼儿继续探究的愿望。

二、幼儿在前，教师在后

《纲要》中指出：“教师是幼儿学习的支持者、引导者、合作者。”在这个活动中，我始终站在幼儿身后支持他们的观察和探究，引导他们互相抛接问题，跟他们一起学习、一起讨论、一起寻找问题的答案。

三、情感支撑

当幼儿提到“常绿树和落叶树”的问题没有人知道答案时，我没有直接将答案告诉他们，而是同样表现出对这个问题的兴趣，认同幼儿，给幼儿以情感支撑，使孩子们继续保持兴趣，想办法探究问题的答案。

四、合作探究

平等、合作的学习能使幼儿的地位从被动的受教育者转变为主动的求知探索者。在活动中，我始终充当一个倾听者、观察者、引导者和欣赏者，以同伴的角色加入活动，和幼儿一起观察、发现树叶的秘密，跟幼儿一起交流、分享问题的答案，和幼儿一起上网查阅资料，帮助、引导幼儿获得新经验，与幼儿共同解决问题，形成了合作探究式的师幼互动。

通过这一案例，我也深深感受到：幼儿学习的积极性、求知欲，需要教师的带动而被自发地调动起来，其中最重要的就是要抓住时机、注重观察、捕捉幼儿的兴趣点。作为教师要把握幼儿活动的动向，以他们的日常生活为基点，通过“抛、接球”的方式，关注幼儿在活动中的表现和反应，及时以适当的方式应答，形成合作探究式的师幼互动，使活动得以更好地开展。

教育要把握好时机

周　欣

作为教师，当孩子犯错误、淘气、闯祸时，我们该如何对待呢？在以往的工作实践中，我们教师往往从成人的角度，如根据自己的情绪状态和对幼儿的看法、态度去解决所谓的问题。《3～6岁幼儿发展指南》中指出："尊重幼儿发展的个体差异。幼儿的发展是一个持续、渐进的过程，同时也表现出一定的阶段性特征。每个幼儿在沿着相似进程发展的过程中，各自的发展速度和到达某一水平的时间不完全相同。要充分理解和尊重幼儿发展进程中的个别差异，支持和引导他们从原有水平向更高水平发展。"

随着对《幼儿园工作规程》精神的深入理解和观念的转变，我认为教师要克服自身言行的随意性，对孩子要多一些宽容和理解。一次，我给孩子们讲"爱护玩具"时告诉他们："每种玩具都有自己的家，大家要爱护玩具，保持玩具家的干净、整洁。"正说着，只见在玩玩具的张程宇搬起玩具盒，把里边的脏东西全倒在了地上。当时我心里想，我的话还没有说完，还没有让整理玩具盒呢？他就自己行动，真不守纪律，所以立刻批评了他。只见他眼睛不看我，脑袋扭向一边，表示出非常反感的样子。平日他好胜心强，各方面能力特别是生活自理能力都强于其他孩子，我在全班小朋友面前批评他，伤了他的自尊心。于是我立刻改为鼓励的口吻："张程宇是懂事的好孩子，想把玩具盒整理干净，只是忘记把垃圾放在什么地方了。快来，老师和你一起捡起来，要不然别的小朋友就没有玩具玩了。"说着，他蹲下用小手慢慢捡起垃圾。在我不断的鼓励下，他把地上的垃圾全捡了起来。

事后我和张程宇谈心，知道是老师鼓励的语气及肯定的态度才使他心动。在解决这个问题的过程中，我是从他的角度看问题，让他感到老师理解他，和他有共同语言，这样，在他心情愉快的时候，抓住教育时机，让他认识到自己的行为不对并愿意改正。

通过这件事我体会到，老师柔和亲切的态度、幽默活泼的话语、敏锐信任的眼神，都会使孩子获得愉悦的感受。而孩子们也正是在这宽容、谅解的氛围里，才会消除抵触心理，获得尊重、理解，从而接受教师的正面教育。通过这一件小事，让我知道教育要把握好时机。不能盲目的批评与指责，应该有效的正面教育幼儿，让他们主动意识到自己的错误。

在工作中观察孩子的表现，洞察孩子的内心最为重要，还必须要有发自内心的爱，我的任务是让孩子们从身心都得到健康的成长。在平时生活中，需要老师通过孩子的状态来捕获孩子内心的一种状态，然后及时地采取鼓励或者是恰当的引导。可是，这个过程并非那么的容易。老师当时的一种状态非常的重要，孩子最终得到什么，老师的态度起到决定性的作用。所以，老师的责任非常的重大。作为教师，要有一双善于观察的眼睛，一颗细致敏锐的爱心，抓住教育的契机，不失时机的塑造儿童美好的心灵，多给幼儿一些宽容，让文明好习惯陪伴孩子一生。

钱可以做什么

姜培培

今天的活动区结束后，我和孩子们一起总结今天的“工作”情况，“北大荒餐厅”的“老板”很骄傲地拿着自己的“业绩表”与大家分享自己的“劳动成果”：“我今天在海蛤蜊餐厅担任经理的职位，我们北大荒餐厅赚了很多钱。”另一个小朋友说：“我今天在青建公司卖了三套房子，我也赚了很多钱。”……我突然发现，孩子们将过多的注意力放到了每次区角中挣了多少钱，这不是我想要的结果啊！我应当让孩子们明白如何正确去运用钱，教会他们正确的价值观。我没有马上制止孩子的交流，而是笑着问道：“你想用这些钱做什么？”康平说：“我想买许多好吃的给爸爸妈妈和老师吃。”穆泽宇说：“我想用它买房子，让爸爸妈妈都住进来。”这时我听到熙熙很小的声音说：“我想把这些钱捐给灾区。”“是啊，灾区的小朋友都没有水喝，我想这些钱一定可以帮助他们的。”话音刚落，孩子们都鼓起掌，我接着问道：“可是我们怎么捐呢？”这时，一航高高举起他的手说：“老师，我看到很多地方都有一个捐款箱，我们也可以做一个啊，这样我们就可以把挣的钱送给灾区的小朋友了。”对！说做就做，我和孩子们马上用奶盒子做了一个“爱心飞扬”捐款箱，孩子们郑重其事地将自己在区角中所挣的钱全部捐了进去，“从小给孩子的心灵播下爱的种子，比给他任何财富都强。”我们用这种特殊的方式让每个孩子的心中充满了“大爱”，一颗关注社会、充满爱心的种子已经从小种在了孩子的心中，孩子们懂得了金钱的真正意义。

我们常说要做一名有智慧的教师，从关注幼儿的一个眼神、表情、动作、一句话等一些细微的行为表现入手，敏感地察觉出幼儿此时此刻此情此景下的独特感受与想法，由此判断幼儿可能的需要，并带着理解幼儿的感受、尊重他们的想法的态度，去进一步聆听他们的心声，解读他们的心思，促进他们的发展。在这次谈话中我运用了以下策略。

(1) 适时介入法。一位教育家说过，教育是一个追求完美的过程，是一个价值引导的过程，是一个师生共同成长的过程。而《细则》中指出："要给幼儿创造一个愉快、充实、自主、有序的环境。"在这次谈话中我给予幼儿适时有效指导，对幼儿在某一言行不急于做即时评价，而是以一个倾听者、合作者、引导者的身份和孩子们一起探讨，抓住生活中的"魔法点"向孩子们抛出问题，引导孩子们主动交流、相互协商，给幼儿更广阔的思维空间。

(2) 情感渗透法。作为教师应给幼儿营造民主、宽松、愉快氛围，真诚平等地同孩子交流，多鼓励、支持幼儿，做孩子的朋友。在这次谈话中我抓住孩子们的兴趣点，积极应答和有效反馈，使幼儿获得的已有经验得到整理、提升和系统化，让每一位幼儿都从同伴的回答中获得经验分享，大胆表达个人的见解，从而提升幼儿的谈话经验，让幼儿"有话敢说"。

在日常生活中，孩子们经常会有一些出其不意的问题。当我们真正理解孩子，作为普通的成人，也许可以一笑而过，但对于教师来说，恰恰需要抓住这些对于我们生活有特殊意义的关键事件，把它作为一把钥匙，去开展我们与孩子之间的心灵对话！

棋盘上的大发现

赵晓晶

中班的孩子已经有了较强的自我意识，同伴间的交往能力也明显增强，会有各自友好的小群体，也经常是几个小群体在一起开展一些游戏活动和讨论活动，所以在区域活动中，同伴间的相互合作的意识也有了积极性的上升。特别是男孩子，一向都是以活跃的群体出现在老师的面前，他们对趣味性较强的走迷宫和棋类特别感兴趣。

润润、宇宇、硕硕是很要好的小伙伴，他们经常在区域活动时结伴进入益智屋，一开始是讨论走迷宫的事情，各自拿着一张迷宫图看着走着，有时会讨论一下，觉得"没有劲了"，就一起打打闹闹。因为我没有规定具体的游戏规则和方法，所以他们尝试了自己的游戏方法，持续了一段时间后就被其他的事情带走了心思，他们有些漫无目的，但因为有好伙伴，所以游戏的兴趣还是很高，我就在一旁没有发表自己的意见，看他们接下来会对其他什么事情感兴趣。

有一天，班级的区角里拿来了几张漂亮的报纸，上面有棋谱，宇宇第一个发现，集体活动后，他就立即叫上了他的好伙伴，他们就在区角里翻弄起了这张报纸，讨论着："这个棋谱我见过。""我也见过，我还知道是怎么玩的，你看……"正当宇宇拿起报纸准备比画时，老师说，上美术课的时间到了，我看见他们几个小伙伴的眼神在上课之前还停留在那个角落里，肯定是好奇心在驱使。于是我觉得自己有必要抓住机会参与到他们的活动中了。

第二天的区域活动开始了，我有意地把他们安排在了有棋谱的区域里，他们也强烈地表示出了自己的这个愿望。活动开始了，他们把这张报纸拿出来放在桌上，很爱惜地铺平了，宇宇是很有号召力的，他是这几个孩子里的“头儿”，“玩这个是要棋子的。”可是他也没有头绪，到底应该怎么玩，只是在那里比画着，其他几个孩子就在一旁看，因为他们没有找到棋子，我就提醒了他们：“区角里不是有瓶盖吗？”硕硕很快拿来了瓶盖当棋子，我再一次提醒：“你们不是玩过‘石头剪刀布’吗？”于是宇宇命令道：“我先和润润玩，你们看着。”于是游戏开始了，他们选定了一个起点，用“石头剪刀布”的方式决出了输赢。宇宇头脑很灵活，一下就知道了输赢的方式，而润润的反应比较慢一点，可赢了到底走多少呢，他们商量着，“就走一格吧。”“走一格很慢的，走两格吧。”“还是走一格，你看，路很短的。”于是决定了走一格，两个回合后，遇到了他们伸出来的是一样的，“这样走吗？”我摇摇头，表示他们可以继续往前，第一轮的游戏在我的带领下走到了终点，旁边看的孩子就有些跃跃欲试了，但又显得不够自信，我就说：“你们看，石头碰剪刀，剪刀肯定输了，剪刀剪布，布就碎了，而布却能包石头，如果一样就再来一次。明白了吗？”孩子们点点头，于是游戏继续以缓慢的速度开始了，我就离开了。

在本次的活动中，我用了以下策略。

1. 给予幼儿积极的指导和建议

这与教育应以正面引导的思想是一致的。教师在对幼儿提出教育要求或指出幼儿的错误时，应该多使用平等性语言，如告诉幼儿能做什么、怎样去做，而不是一味地指责他们不能做什么、不应该做什么。积极的建议比消极的命令更为有效，更能拉近教师与幼儿之间的关系，更有利于教师对幼儿的教育。

2. 适时介入

在幼儿活动中我们既要按一定的教育目标来引导幼儿的行为，又要按幼儿的想法去顺应幼儿的需求。这是教师适时介入行为成功的关键因素。而且，我们要善于反思介入过程，因为教师的思路和孩子的想法必然存在差异，但这种差异我们可以通过自己的自觉反思进行调和，从而做到在行动上、情感上支持幼儿，不断地将教师自己的介入意图转化为幼儿的需要，使幼儿真正成为学习的主体。

《指南》中指出，幼儿在活动过程中表现出的积极态度和良好行为倾向是终身学习与发展所必需的宝贵品质。要充分尊重和保护幼儿的好奇心和学习兴趣，帮助幼儿逐步养成积极主动、认真专注、不怕困难、敢于探究和尝试、乐于想象和创造等良好学习品质。忽视幼儿学习品质培养，单纯追求知识技能学习的做法是短视而有害的。

这次活动带动了其他孩子，之后有更多的孩子参与了进来，而最先玩的那几个又在讨论着换一个规则玩是否更有意思，我想这会带动他们思考的积极性，更会以他们群体合作的智慧来丰富他们的游戏内容，提高区域活动的学习和游戏价值。正因为孩子们有了这样浓厚的兴趣，我的指导才有如此好的效果，而介入的艺术需要教师有敏锐的眼光，发现并抓住孩子的这个兴趣点，及时和适时地介入，孩子有了想要学习的东西，又有了老师给予的正确的学习方法，就能自己去建构知识，孩子都很聪明，就看老师如何引导。所以指导区域活动的关键是老师要善于及时发现，善于适时介入，善于正确指导。

孩子们的世界

黄　雪

在区域活动中，教师的"教"与幼儿的"学"是一个双边互动的过程。在区角活动中，教师应尊重幼儿的意愿，激发幼儿探索的愿望，培养幼儿的自主性和创造性。幼儿可自由选择游戏内容、游戏方法、游戏规则，如：我想玩什么，和谁一起玩，怎么玩，玩到什么程度，自主决定游戏的材料、方式、内容及玩伴，按自己的方式和意愿进行游戏。这样才能真正解放幼儿的手脚和头脑，让幼儿成为自己真正的主人。我需要学习观察幼儿，深入了解幼儿，这样才能对幼儿的活动提出有效建议。

栾寒玉是一个活泼好动，活跃的小女孩，进行区角游戏时，总是抢着去探索，但当探索的结果和她预想的不一样的时候，栾寒玉就会变得比较烦躁，缺乏耐心，开始无所事事，到处溜达。

在昨天的区角活动中，栾寒玉在益智区给小娃娃设计辫子的时候，设计了几次就掌握"穿"的技能，给小娃娃穿上了好看的星星辫子。设计好了以后，栾寒玉觉得太简单了，就不感兴趣了，到处溜达，或者看别的小朋友玩，于是我就让孩子们在串好的辫子上做文章："小魔术师们，你们有什么好方法，帮小娃娃设计出一个更美丽的发型？"栾寒玉静静地思考了几分钟说："我有好方法。"只见她把小辫子上，串上了不同颜色、形状的饰品，慢慢的又把辫子绕了起来，变成了一只可爱的小蜗牛，小朋友们，看见都说："哇，好漂亮的小蜗牛卡子呀！"孩子们看到栾寒玉的小蜗牛，都很感兴趣，也纷纷动手尝试，尝试中孩子们互相模仿学习、互相讨论，一直调动着孩子们的学习的主动性。

《指南》中指出幼儿科学学习的核心是激发探究兴趣，体验探究过程，发展初步的探究能力。教师要善于发现和保护幼儿的好奇心，充分利用自然和实际生活机会，引导幼儿通过观察、比较、操作、实验等方法，学习发现问题、分析问题和解决问题。从这个案例我们可以看出，幼儿通过自己发现、探索、讨论、总结，掌握了一些基本的方法，学会了学习。如果老师只限制他们固定用一种方法，则幼儿的情绪和活动的效果就会截然不同。可见，给幼儿一些自主和权利，对孩子的发展是多么的重要。

被震飞的土

张玉婷

今天是入春以来最温暖的一天，我带着孩子们到操场上进行户外活动，小朋友们显得格外开心。几个小男孩选择了拍球，我走了过去站在了他们身边想数一数他们能拍多少个球。

球一下又一下的落在地上，忽然虎子大声地叫起来："老师，老师，快看阿，为什么地上的土都飞起来了？"我顺着他手指的方向看了过去，原来是球拍打在地上，因为地面震动而飞起来的灰尘，

我没有直接告诉他，而是装作很惊讶的样子："呀，你观察的真仔细，这怎么回事？"拍球的小男孩听到了我们的对话，更用力地拍起球来，过了一会虎子开心的又喊了起来："老师，老师！是球把土给震飞了！"我意识到他对这方面的知识很感兴趣，于是就问他："你说的有道理，为什么球把土震

飞了呢？”旁边的子宸说：“球有弹力，所以球会被弹起来。”嘉和说：“我们可以从书上去找答案啊！”虎子说：“我可以让妈妈在电脑上帮我找答案！”我说：“恩，这真是个很好的办法。”

因为这小小的插曲，孩子们对拍球更有兴趣了，许多孩子也纷纷围了上来，大家一起更认真地拍起球来，会不会越拍越多呢？

第二天，虎子一来到幼儿园就兴高采烈地对我说：“张老师，我昨天和妈妈一起在电脑上查了，是因为球拍在地上，土地在震动，所以土飞起来了。”

嘉和听到虎子的答案也说了起来：“我昨天在《科学小实验》书上看到一个好玩的游戏，在鼓上放上豆子，敲鼓的时候豆子就跳起舞，这应该和灰尘一样。”看来孩子们通过各种方法得到了答案，解决了问题，我及时的表扬了他们：“看来你们可以当小小科学家了，遇到问题能用不同的方式找到答案，你们真是勤动脑、爱思考的好孩子！”

《指南》中指出:“4～5岁幼儿能根据观察结果提出问题,并大胆猜测答案。”虎子是个爱动脑筋的小男孩,平日里经常从他嘴巴里说出来的话就是“为什么?”,他对生活中许多事情都充满着好奇,在本次学习故事中我运用了三个回应策略。

(1)鼓励激进。幼儿对未来无法预知,如果鼓励孩子发挥想象力,可以赋予孩子强大的力量,有利于激发孩子的自信心和潜能。虎子向我说明自己的发现时,我表示对他的发现感到很惊奇,并且马上表扬了他观察很仔细,让他更加自信,对问题更加的好奇,这对他的探究欲给予了肯定,使他今后在遇到问题时能更积极的进行研究探讨。

(2)自主学习。这也正符合奥苏贝尔的教育观点,对幼儿的指导要适宜,要给孩子提供合理的帮助,使得幼儿在游戏中充分发挥自主性,有效促进自身富有个性的发展。幼儿通过自己喜欢的学习途径,自主寻找答案。当嘉和和虎子提出可以从书中和网络上寻找到答案,这说明他们具备积极动脑探索的精神,遇到困难不害怕,通过不同的形式找到解决困难的方法,在这时我对他们的想法及时的给予肯定,增强了他们的自信心,也培养了嘉和养成良好的阅读习惯,我们在鼓励幼儿自主探索、尝试的前提下,给幼儿以适当的帮助是非常重要的,这样不仅能使孩子的兴趣得以继续延伸,而且能让幼儿在不断尝试的过程中获得成功感和胜任感,充分体现尊重孩子的自主性。

(3)兴趣激发。俗话说,“授之以鱼,莫若授之以渔”,孩子正处于人生最重要的启蒙时期,老师、家长的言传身教以身作则是不够的。孩子的兴趣与否，决定了孩子学习的积极精神。“兴趣是第一老师”，兴趣是孩子们不断探究他们所生存的这个“未知”世界的动力源泉，是开展各项活动的前提和保障。兴趣可分成直接兴趣和间接兴趣。在实际活动当中，幼儿的直接兴趣和间兴趣是可相互转换的，有时甚至是互为一体的。因此，不管是为发现和满足幼儿的直接兴趣“生成”的活动，还是培养激发幼儿间接兴趣“预设”的活动，都是受幼儿欢迎的，是幼儿当前需要的，有益于幼儿积累经验。当孩子提出自己的问题时，我没有马上回应孩子，而是通过进一步的提问，激发孩子继续探究的兴趣，听到我们对话的孩子更认真地拍球，这也引发了其他幼儿的思考。教师注重孩子兴趣培养，用孩子好奇、积极探究的精神去打开智慧之厅的钥匙。这样才能让幼儿在兴趣中乐于学习，在兴趣中乐于探究，进而能更充分地调动学习的内在潜能。

在活动中，教师可采用延伸幼儿兴趣，在追踪幼儿行为时，教师对幼儿的一些不易理解的行为保持审视的态度，注意对其先前和后继的行为进行追踪。在这个过程中，有时会意想不到把捕捉“生成”教育的契机。设置悬念，让幼儿有机会解除一个又一个悬念，那么幼儿便会觉得此项活动“其乐无穷”。

通过这次意外的发现我感受到，孩子的眼睛中对身边的任何事物都充满着好奇，我们不需要也不可能为孩子每一个好奇的问题都有所解答，与其告诉他们答案，不如告诉他们寻求答案的方法，知识是无穷无尽的，珍惜他们怀有不断探索知识的信心，他们才会得到的更多。

反复探索的收获

朱雪娟

区域活动开始后，可可和昊昊已发现了今天的新材料：黄豆和沙的混合物、筛子、勺子、筷子等，他们饶有兴趣地研究，但又不知所措。于是我轻轻地进入，告诉他们："我不小心把黄豆和沙混在了一起，你们想办法把它们分开好吗？"他们一听来了劲，开始有目的地想办法，可可用勺子，昊昊用筷子一粒粒夹。这样速度很慢，但他们却很投入。我几次想上去提醒他们可以用筛子试试，但都忍住了。过了一会儿，可可开始去翻看其他的工具。他发现了筛子，端详了好一会儿，然后用筛子去舀黄豆和沙，沙从筛子的孔中漏了出来，可可对这个发现很惊喜，马上告诉昊昊，于是昊昊也开始用筛子操作。由于第一次操作，他们的方法掌握得不是很好，几次下来，沙撒了一地。我静静地观察着，连续多次后，昊昊可能从"分"的新鲜感中慢慢转移到寻找合适的方法中，开始用勺子舀混合物到筛子中，但在移动筛子时还是把沙漏到了桌子上。我真想去帮助他，但最终还是忍住了。

就在这时，昊昊找到了好办法：他用一个小脸盆接在筛子的下面，再把混合物用勺子舀到筛子中，这一次总算没把沙弄到桌上。昊昊继续在全神贯注地操作，可可看到他的好方法后也开始模仿。我微笑着走开了。

在这个过程中，我运用了设问启发策略。幼儿似乎最喜欢挑战自己未曾尝试过的领域，期望从探索尝试的过程中寻找到成功的快乐。但有时候，他们会无从入手，从而显得茫无目的。因此需要我们老师适当的设立一个开启探索的情境或问题，从而引发幼儿参与的兴趣，为幼儿下一步探索找到了一个契机。

在区域活动的师幼互动中需要教师做个有心人。在深入细致观察的基础上灵活运用，运用自己的教育智慧，做出正确的判断，适时、巧妙地介入幼儿的活动，使幼儿的发展进入最适宜的状态。

飞舞的小毛毛

姜　珊

户外活动时，孩子们正玩得起劲儿，“姜老师，快看，我抓到了一个小毛毛！”橙橙兴奋地喊起来。这时其他孩子听到都跑过来围着橙橙，你一言我一语，添添伸着脖子说：“什么东西快让我看看。”妞妞惊奇地说：“是个小白毛毛呀，真好玩！”孩子们像发现了奇宝，都争先恐后地抢着要看，我走到孩子们中间，把橙橙手里的小毛毛拿起来，对孩子们说：“橙橙发现了一个小毛毛！”

“小毛毛！什么小毛毛？”听了我的话，孩子们的兴趣更浓了，看着孩子们惊奇的眼神，我生出了一个念头，趁热打铁给孩子们普及一下知识吧。我问孩子们：“谁知道这是什么？”“迎春花”“羽毛”“羽绒服里的小毛毛”……孩子们七嘴八舌猜想了很多，我告诉孩子们：“这是蒲公英的种子，蒲公英是一种花，你们看它的形状像什么？”涵涵大声喊道：“它像小伞”。这时，我刚好看到附近有一朵完整的蒲公英，便把孩子们领过去观察，孩子们又提出了一个新问题：“怎么这个蒲公英那么大，那个却很小？”我没有急于回答她们，而是等待她们去寻找答案。不一会儿，妍妍兴奋地说：“你们看，这个大的上面有很多刚才那个小的呢。”橙橙又问道：“那蒲公英为什么会飘到别的地方去呢？”一时间，孩子们好像也被难住了。于是，我给孩子们讲了一个关于蒲公英的故事，孩子们都认真地听着，知道了蒲公英会随风飘散，落在哪里，哪里就是它的家，在新的地方生根发芽，长成新的蒲公英。

孩子们提议把这颗小蒲公英放到泥土里，期待它长大。

回到班里，孩子们还在对刚才的蒲公英议论纷纷，对于探究蒲公英的兴趣丝毫没有减弱，我想孩子们对于蒲公英的了解还有很多，便决定生成一节关于蒲公英的认识活动，我问孩子们："你们在谈论什么？"几个孩子异口同声地说："蒲公英！"我又追问道："你们还想知道关于蒲公英的哪些秘密呀？"孩子们纷纷举起小手，有的说："我想知道为什么蒲公英身上会有那么多小毛毛？"有的说："我想知道，在家里可不可以种一颗蒲公英？"还有的说："我想知道，为什么蒲公英会长成圆形的。"我对孩子们说："这些小问号你可以从哪里找到答案？""书上！我家就有一本关于蒲公英的书""我可以问爸爸妈妈""我可以上网自己找""我姐姐都上学了，我可以问姐姐"……听到孩子们说了这么多可以找到答案的途径，我说："那今天大家回家都找找关于蒲公英的知识，明天来一起分享给大家！"孩子们高兴地点点头。

大班幼儿的好奇心非常强，在日常生活中经常会碰到他们感兴趣的东西，教师要肯定并相信他们的大胆猜测，支持并鼓励孩子们敢于发现和探究的品质。

因此，我采用了以下策略来支持孩子的探索学习。

一、兴趣支撑策略

俗话说，兴趣是最好的老师。当橙橙最先发现飞舞的小毛毛时，孩子们都被吸引过去，他们兴奋的观察着，问题一个接一个地被提出来，我没有打断他们，而是让孩子们跟随着兴趣的驱使开始快乐的探索，在这个过程中，老师化身为幼儿兴趣的支持者、引导者和参与者。

二、等待收获策略

当幼儿在探究过程中遇到困难时，作为老师要学会判断，当幼儿自己能通过观察而得到答案时，便不要直接给予答案，而是应放手让幼儿去发现，多给孩子们一点时间，让他们通过自己的努力发现问题答案，从中获得快乐与满足，也潜移默化地培养了幼儿敢于质疑、乐于探究的良好品质。

三、自主探究策略

《指南》中指出:“幼儿是在探究具体事物和解决实际问题中,尝试发现事物间的异同和联系的过程,幼儿的思维特点是以具体形象思维为主,应注重引导幼儿通过直接感知、亲身体验和实际操作进行学习。”大班年龄段的幼儿已经能够自己想办法独立解决问题,且任务意识进一步发展,因此,面对孩子们的各种疑问,我选择了放手让幼儿自主探究、寻找答案的方式来进行,一方面尊重了幼儿的自主性,另一方面培养了孩子的任务意识。

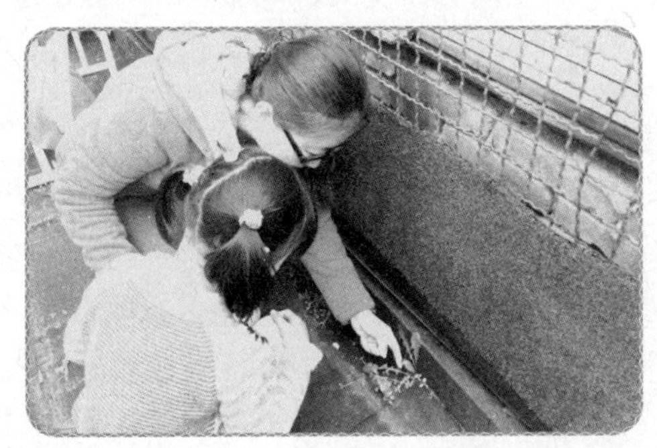

“生意兴隆”的“美发屋”

李　艳

区角活动开始了，张伟凡和丁子辰来到了“妙妙美发屋”，穿戴上理发师的服装准备工作了，可没有小朋友光顾美发屋，他们俩就一个做理发师一个做顾客交互相换着玩。玩了一会，还是没有顾客，张伟凡就站在“门口”冲着门外来来往往的小朋友大声喊：“快来理发呀！我们的手艺可好啦。”在他的招呼下果然有客人走了进来。然然来到美发屋说想请张伟凡为自己剪个漂亮的发型，张伟凡非常高兴的接待了然然，热情地帮然然洗头发，洗好头后马上熟练地拿起梳子，像模像样地帮然然梳头，最后拿起玩具剪刀“咔嚓咔嚓”地帮助然然剪发了。但是然然却不买理发师热情服务的帐，大喊起来：“我不要这样剪头发，我不要剪成这样的头发。”善良的理发师无助地说：“就这样吧，就这样吧。”说完还想帮她继续剪头发，但是这一次然然的反应更加激烈，站起来大喊：“我就是不要这样剪，一点都不好看，我要走了。”说完就气呼呼地走了，张伟凡则一脸无辜的地站在一旁。

理发师们又接待了几个客人后生意显得冷清了一些。虽然仍在热情地招呼着，但生意似乎不太理想。刚才美发屋发生的一切被我看在眼里，于是我以假发推销员的身份走入了理发店："理发师，你们看我刚设计的新发型，好看吗？""真好看！"丁子辰看着我手中的假发一脸的好奇，问："这个假发，能戴吗？""当然行了！"我边说边将假发戴在头上。"我把假发放在你们店里你们帮我卖，好吗？""行，当然行！"张伟凡连忙接过我手里的假发。两个理发师连忙带上假发，互相指点，咯咯地笑了。"我们公司还有许多烫发、染发产品和美甲产品，你们理发店愿意帮我卖吗？"经我如此一说，他们马上点头表示了同意。"我们能看一看是哪些材料吗？""当然了！"于是我带他们来到了"材料库"告诉他们材料的制作方法，当我离开后观察到，丁子辰将自己制作好的彩色假发给其他孩子戴上了，孩子们相当喜欢。张伟凡后来还主动外出宣传了起来。我悄悄地在一旁留意观察：在他的宣传下果然有几个"爱美一族"的小朋友受不了诱惑走了进去尝试一下，孩子们纷纷来体验，有的挑自己喜欢的假发颜色，有的对着小镜子摆造型，还有的琢磨起假发套的制作方法。美发屋一下子成了今天班里最热闹的游戏区了。

在这个学习故事中，我运用了3个学习策略：

1. 明确角色意识，积极参与游戏（角色互动策略）

《指南》中提到："要让孩子在直接感知、实际操作、亲身体验中感受做中学，学中玩，生活中学习的乐趣，教师应该给予孩子的是因材施教，更应该给予尊重。"从美发店游戏中可看出，随着年龄的增长，中班幼儿在日常生活中积累了一定的生活经验，他们的思维也由直觉行动性开始转向具体形象的思维，比起小班幼儿的角色游戏情节要复杂。美发师能向客人做介绍且会用语言招呼客人，能用语言与同伴交往。再者，中班幼儿在进行角色游戏时能认真扮演角色，并且还有了初步的规则意识。

2. 教师间接指导，促进游戏情节发展（游戏介入策略）

游戏中当我观察到美发店生意冷清了一段时间后，孩子游戏兴趣降低，我及时观察到幼儿的困难，捕捉到幼儿的需求，以推销员的身份进入游戏，提供自制的假发套，以"假发推销员"的角色身份进行材料和语言的暗示，使理发店热闹起来，利用幼儿对新材料的好奇心理促进了游戏情节和内容的发展。当看到幼儿对假发制作产生兴趣时我及时鼓励幼儿开动脑筋进行创新制作，推出许多新的服务项目，我肯定了他们的创意，理发师们开辟新的空间，马上吸引了更多的顾客，孩子们的兴趣点和积极性又得到了新的提升。游戏中幼儿是游戏的主人，当幼儿遇到困难时教师可以以角色身份参与幼儿游戏进行间接指导，在角色对话中用提问了解幼儿动机，用建议暗示幼儿角色行为，或者适时提供游戏材料进行间接指导，丰富游戏情节，促进游戏发展。

3. 经验提升，引发幼儿新的兴趣点（经验提升策略）

认知学家皮亚杰提出："幼儿是通过主动探索操作而获得知识的，最有效的学习发生在幼儿与他人、材料相互作用的过程中"。游戏中我及时提供、调整了游戏材料，且为幼儿提供一些半成品，指导幼儿进行以物代物、一物多用，让幼儿能够自主的活动。帮助幼儿进一步提升对角色的认识，引发幼儿对游戏的新的兴趣。

在这一游戏案例中我体会最深的是在幼儿自主性游戏中老师不能是传统意义上的老师角色。我们首先要做的，就是敏锐地观察每个孩子的每一点变化，了解他们的兴趣与需要，通过观察游戏了解幼儿，通过环境材料的创设和适当的介入支持幼儿的游戏。游戏中当观察到美发店生意冷清了一段时间后，他们的表现让我意识到游戏材料的合理收集与有效运用，直接影响着幼儿游戏的质的提高。在游戏中，游戏材料的收集与运用能够培养幼儿的独立性、自制力、专注性、良好的秩序、合作的精神，发挥出促使幼儿的想象能力、创造能力、动手能力、表达能力、交往能力发展的作用。不管教师在游戏前对游戏的预设有多全面，都不可能完全预测幼儿在玩的过程中出现的问题，这就要求教师在活动中关注幼儿的兴趣、经验和表现，只有不断的引导推进游戏，幼儿才会越来越喜欢游戏，游戏才会真正促进幼儿发展。

可爱的毛毛虫

刘安琪

区角活动时间，叮当选择到美工区用毛根制作毛毛虫，它选择了彩色的毛根制作毛毛虫的身体，身体做好后，叮当开始制作毛毛虫的脚，可是她选了很多颜色，看来看去又放了回去。我问她："叮当，你怎么了？"叮当说："我不知道选哪种颜色做毛毛虫的脚。"我接着问她："你见过毛毛虫吗？毛毛虫长得什么样子？"叮当说："我见过绿色的毛毛虫。"我问："那你现在已经做好了，该怎么办呢？"叮当说："没关系，我重新做一只绿色的毛毛虫！"说完她重新选择了浅绿色开始制作。身体做完后，叮当选择了深绿色的毛根放在毛毛虫身体上比来比去，制作了三对毛毛虫的脚。整个身体做完后，我发现叮当到处看，撅起了小嘴巴，好像遇到了什么困难。我问她："叮当，你想到什么了？"叮当支支吾吾："我……我想给它做个眼睛。"我拿出辅助材料框，"你看，这里有许多材料，你想用什么来做它的眼睛呢？"叮当选择了两个白色的矿泉水瓶盖，做了一对眼睛，又用黑色的毛根缠在上面，立体地固定在头部。全部完成后，叮当在美工盒里挑选了短短的吸管，一个一个地粘在毛毛虫身体上，好像毛毛虫的刺一样。

活动结束了，叮当一直没有放弃，坚持完成了制作。我看她一直小心翼翼地拿着小毛毛虫，心里按捺不住开心的情绪。到了讲评的时候，我请叮当上来介绍自己的做法，她有条不紊地一步步向大家讲述。介绍完后，我问孩子们："你喜欢这个毛毛虫的哪里？为什么？"孩子们争先恐后，畅所欲言。有一个孩子说："我喜欢毛毛虫的刺，因为可以背果子。"我说："你观察得很仔细！可是这些小刺刺是毛毛虫用来保护自己的，很危险，小朋友千万不要用手碰。”孩子们纷纷点点头，恍然大悟。我看孩子们的兴趣只增不减，问他们：“真正会背果子的是什么动物呀？”孩子们异口同声地回答道：“小刺猬！”我开心地说：“那下一次区角活动的时候，咱们一起来做个会背果子的小刺猬吧！”孩子们笑着说：“好呀好呀！”

从这个案例中看出，叮当是个非常认真、仔细的孩子，做事具有坚持性，首先她制作了两次身体，并没有出现不耐烦的情绪，在制作身上的刺时，她更是细致，要先把双面胶一点一点地撕下来贴到很小的吸管上，再把吸管粘到毛毛虫身体上。在整个过程中，叮当一直很有兴趣地坚持制作。虽然动作比较慢，整个活动下来，她一直在专心地制作，我发现她学习的坚持性很好。

在这个活动中，我采用了以下4个策略：

一、幼儿自我评价，满足幼儿表达的欲望

教师应为幼儿创设宽松、平等的语言表达环境，提供足够的时间与机会，让幼儿把自己游戏的过程体验、想法和做法讲出来。当叮当做完毛毛虫时，我把表达的机会完全给了孩子，让她向大家讲述她的制作方法。叮当是个缺乏自信的孩子，平时不善于表现自己，尽管她的声音很小，但是完整地说出来了制作的过程。这不仅对叮当的口语表达能力有一定提升，而且还让其他的孩子学习了制作方法。

二、同伴相互评价，激发幼儿进一步探究的欲望

中班的幼儿愿意与他人交谈，表达自己的想法。当叮当介绍完自己的作品后，我又让其他的孩子们观察这只毛毛虫，让他们说说自己喜欢毛毛虫的哪里并说出理由，提供幼儿充分表达的机会。孩子们争先恐后，饶有兴趣地讲起来。通过交流，不仅让孩子们了解了毛毛虫的特点，还激发了他们下一次动手制作的愿望。

三、教师评价的导向、激励作用，助推幼儿的发展

教师作为幼儿活动的支持者、合作者、引导者，在活动中有着至关重要

的作用。当有个孩子说:“我喜欢毛毛虫身上的刺，还可以背果子”时，我首先的反应是:我能利用这个机会让幼儿学习什么？分析该问题出现的可能性，思考用什么方式让孩子在积极、宽松的氛围中知道正确的答案，而不是直接否定孩子的说法，马上告诉孩子正确的并急于结束评价。所以，我马上肯定孩子:“你观察得很仔细！可是这些小刺刺是毛毛虫用来保护自己的，很危险，小朋友千万不要用手碰。”孩子首先得到了老师的肯定，又学会了自我保护，扩展了幼儿的经验。

四、巧妙延伸，为下次活动做铺垫

如果只是这样结束评价，那么孩子们会错误地认为毛毛虫会背果子。对于中班的孩子来说，他们已经知道了许多动物的特点了，于是我问孩子们:“真正会背果子的是什么动物？”孩子们异口同声:“小刺猬！”“那下一次区角活动的时候，咱们一起来做个会背果子的小刺猬吧！”孩子们充满了兴趣，都想参与下次的制作。

这样让美工区的活动有连续性，针对这一次孩子出现的问题预设出下一次活动的内容，孩子们也兴致勃勃，同时又更深入地了解了两种动物，可谓一举两得。

美国幼教专家凯茨认为，幼儿教师的专业应表现为:在教育工作中，能运用高级缜密的知识作为判断和行事的标准。具有这种素质的幼儿教师能抓住孩子丢来的球，并且把它丢回去，让孩子想继续跟他玩游戏，并在玩的过程中不断创造出新的游戏来。他们是真正的幼儿学习、发展的专家。

在幼儿活动过程中的指导和评价时，只有善于倾听、观察孩子，才能解读孩子的所思、所想、所为。教师要善于把握住孩子所在表达中出现的有价值的内容进行深入地挖掘，解读和分析孩子的行为特点、意志品质等。同时，不吝啬鼓励和肯定，为孩子创设一个积极、轻松、敢说的环境，引导孩子愿意提问、敢于质疑，教师也要做到有问必答，和孩子一起思考问题，解决问题，让每一次区角活动的开展都有意义，对孩子的发展有所帮助和提升。

“银行”里没“钱”了

夏建萍

角色游戏开始了，大家纷纷选择了自己喜欢的角色开始扮演，刚刚小朋友选择了到“银行”扮演工作人员。大家都过来取“钱”，刚刚小朋友会一个一个的问：“你需要取多少‘钱’？”但是游戏进行到一半的时候，有的小朋友就过来告诉我：“刚刚来抢‘钱’了。”我走过去一看，刚刚和亮亮手里拿着几张“银行”的“钱”在争抢，谁也不肯松手，刚刚一边抢一边在嘟嘟囔囔地说着什么。我问刚刚：“为什么要抢别人的‘钱’呢？”刚刚说：“因为‘银行’里没‘钱’了。”我问他：“当‘银行’的‘钱’被人取完的时候，该怎么办呢？”他低头想了想，告诉我：“可以让‘银行’的工作人员再做一些‘钱’，还可以叫大家来存‘钱’。”说完后，刚刚马上去招呼同伴，纷纷把多余的“钱”存到“银行”里，刚刚又开始忙碌的服务大家。

中班幼儿开始能够把行为规则化，从而获得是非观念，但其行为常常表明，他们的自控能力是有限的。其中典型的表现之一就是抢东西的现象

很严重，不过与其他年龄段的幼儿不同的是，幼儿会边抢边说理由，由于中班幼儿抽象思维能力的发展和言语水平比小班有所提高，这种“理论与实际相结合”的表现开始增加。在这个活动中我采取了以下策略：

一、以幼儿为主体，让幼儿协商解决办法

中班幼儿已具有了一定的语言表达能力和判断力。调动孩子自身的力量去解决问题，不仅有助于问题的解决，而且也是对他们进行了一种综合能力的培养。可以设置“小记者”“评论员”，组织一些热点话题的讨论活动，请小记者讲讲发生了什么事情、自己的想法，最后集众家之长，总结出一个令人信服的结果。所以在讲评时，我请小朋友一起来帮刚刚想一想办法：“当‘银行’的‘钱’被领完的时候，应该怎么办呢？”大家有的说可以让“银行”的工作人员来做一些“钱”，也有的说可以叫店里的人来存“钱”。大家想了这么多的办法，刚刚也表示对这几个方法都比较满意。

二、教师适当介入，帮助幼儿解决问题

当幼儿在解决问题过程中出现问题时，教师应适当介入，为幼儿引出解决问题的源头。当刚刚说是因为“银行”里没“钱”的时候，我问他：“当‘银行’的‘钱’被人取完的时候，该怎么办呢？”他低头想了想，告诉我：“可以让‘银行’的工作人员再做一些‘钱’，还可以叫大家来存‘钱’。”刚刚知道了解决的方法，学会用正确的方式来解决问题。

三、集体探究，提升幼儿解决问题的方法

活动结束，我把问题抛给孩子们：如果咱们的“银行”没“钱”了怎么办呢？孩子们又想出了许多好方法。孩子们知道了当再遇到这种问题的时候的正确做法，避免了用错误的方式解决。

《指南》指出：“结合社会生活实际，帮助幼儿了解基本行为规则或者其他游戏规则，体会规则的重要性，学习自觉遵守规则。”幼儿期正是养成习惯的关键期，从小养成好的习惯对幼儿的一生都有着至关重要的作用。

阅读区的小秘密

张效苏

活动区开始了，开始阅读区里的孩子们在专心的进行阅读，可是当看完一本书后，孩子们就开始跟旁边的小朋友说话或者换书，甚至还有的孩子到别的区去玩儿了。但是当有老师给孩子讲解书中的内容时，我发现好多孩子都围了过来静静地听，通过提问互动的方式孩子们逐渐理解了书中的内容并乐在其中。

熙熙在阅读区看一本关于种植类的书籍《蚯蚓日记》，在阅读的过程中面带微笑，看到喜欢的还会用手指一指。可是她很快就看完了，然后四处看，旁边的男孩壮壮也很快看完了自己手中的书，然后一本一本换个不停。另一个小男孩儿乐乐干脆放下书跑到餐厅去玩儿了，不过一会儿拿着很多点心又回来分给大家吃。

这时候，我给熙熙讲她刚才看过的《蚯蚓日记》时，熙熙轻轻地偎依在我的身边，就像孩子在妈妈的怀里听故事。旁边换书的壮壮凑过脑袋来也跟着听起来，有时还能指一指图画问问题，后来干脆搬了一把小椅子做在我的旁边。玩儿甜品的乐乐慢慢的移动到我的旁边，边听边摆弄。

我说："你拿了那么多点心是干什么的？是要分给小朋友的吗？"乐乐摇摇头，我又问："那你拿点心是要干什么的呢？如果没用的话就快放回去吧。"这时乐乐拿着东西放到餐厅，又跑回来坐下。我又换了一本书，大家都安静地听我读故事，讲到高潮处孩子们都能融入故事中，也会一起讨论书中的内容。

从案例中可以看出熙熙具有良好阅读习惯，她能自主选择喜欢的图书安静阅读，并能一页一页轻轻翻书。从孩子的表情中能看出她享受阅读的过程。但因为书中的内容离孩子们的生活较远，孩子也不识字，她看不太懂书中的内容，教师适时的介入阅读，既能使孩子更好的理解书中的内容，也使师幼关系得到了提升，还能激发幼儿阅读的兴趣，促使那些对阅读失去兴趣的孩子重新投入到阅读中，并在观察、讨论中理解书中的内容。

男孩儿壮壮也对阅读有兴趣，能乐此不疲的一本一本地看，看完图书还能原位放好，说明壮壮有一定的规则意识，知道要物归原处。但不停地换书说明他看书还是缺少一些耐心，不能认真阅读完整，也许是因为他拿的都是一些文字较多的书籍，所以只看了图画就放回去了。当老师介入给女孩熙熙读书的时候，他能主动的把头凑过去，说明孩子们还是对书中的内容感兴趣，只是看不明白，壮壮听到高兴的地方能主动问老师问题说明他听懂了并且在思考，这是幼儿阅读应该达到的一种听、看、想、问结合的一种较佳状态。

对于大班的孩子来说，男孩儿乐乐缺乏规则意识，当他看不懂或者不想看时不能很好地遵守区角规则，换到了别的区进行游戏。当他拿了点心回来的时候，听到老师在给其他小朋友读书，开始并不在意，渐渐地对书中的内容感兴趣，面对老师的提问，他自己也意识到好像不太对，所以把东西放回去，又回来继续听，说明孩子对于书中的内容还是感兴趣的，只是看不太懂。

结合《3～6岁儿童学习与发展活动指南》以及班级幼儿的实际情况，我认为：

（1）3～6岁的孩子的阅读主要还是画面的阅读，《指南》中指出："大班幼儿应该能专注的阅读，并知道文字表示一定的意义。""能说出所阅读的幼儿作品的主要内容。"这三位小朋友在开始的时候都能专注的阅读，也许因为这本书对于他们来说比较难，虽然他们可能看不完全明白，但在老师的帮助下他们依然兴趣满满的阅读。有了老师的指导，适时的提问，不仅能帮助孩子理解故事内容，引导他们复述故事，还能激发幼儿的想象力，给了孩子更多说的机会。

（2）同时《指南》中也提出："引导幼儿仔细观察画面，结合画面讨论故事内容，学习建立画面与故事内容的联系。"因此老师在投放图书的时候尽量放一些画面易懂的绘本类图书，引导幼儿进行讨论并适时针对书中的情节进行有效的提问帮助幼儿提升，这样更能有效促进幼儿的阅读兴趣，延长阅读时间，及时纠正幼儿在阅读过程中出现的小问题，帮助孩子养成良好的阅读习惯。

（3）《指南》中还提出："和幼儿一起讨论或回忆书中的故事情节，引导他有条理地说出故事的大致内容。"在跟孩子们一起阅读完后，先通过提问的方式帮助孩子们进行回顾，引导幼儿说出刚才看的书中的故事情节，再请幼儿尝试完整的复述，在不断地说的过程中发展了幼儿的语言表达能力。

为孩子插上飞翔的翅膀

陶行知说："我们发现了儿童有创造力，认识了儿童有创造力，就须进一步把儿童的创造力解放出来。"

每个孩子都是我们的天使，我们铭记习近平总书记做"四有"教师的嘱托，为孩子插上飞翔的翅膀。

探索发现　快乐实验

——践行杜威的“做中学”理念，中班科学实验：水到哪里去了

吴莉莉

杜威有句名言：“一个儿童要学习的最难的课程就是实践课，假如他学不好这门课程，再多的书本知识也补偿不了。”他的实用主义教学思想之一就是“从做中学”。西方的一句谚语“一磅的学理，不如一两的实行”说的也是这个道理。

杜威反对“书本中心”“教师中心”，主张“在做事里面求学问”，学校课程的中心应是儿童本身以生活化为主的社会活动，用儿童的亲身经验获得知识。杜威从儿童的生活出发，提出学生从教师口中被动听来的知识不是真正的知识，教学就应以表现个性和培养个性，以自由活动和从经验中学为主，做才是根本。如果没有做，儿童的学习就没有依托，必然会抑制他们创造才能，阻碍他们的自然发展。儿童生来就蕴藏着充满生机的冲动，有一种要做事的天然欲望，对活动具有强烈的好奇心，善教者能把他们在学校里知识的获得与生活过程中的活动紧密联系起来。

由于“从做中学”，教科书的功能发生了改变。教材成为学生的向导，教师不再是唯一的导师，手、口、眼、耳、鼻，实际上整个身心都成了知识的源泉，教师只是发起者和检验者。

根据杜威做中学的理念，我设计组织了一次中班科学实验活动“水到哪里去了”。活动一开始我就用变魔术的方式引出活动的主题，激发幼儿的

探究欲望。在活动开始时老师将两杯水同时分别倒入两个一样的水杯内，请幼儿猜想水能否再倒回杯子？引导幼儿在大胆的猜测之后教师进行验证，结果只有一杯水又重新倒回去了，另一个水杯的水却“不见了”。这一现象激发了孩子的好奇心，他们纷纷猜测水到哪里去了？当一位幼儿上来仔细查看老师的道具时，发现了奥秘，那就是在老师的其中一个杯子里有一块海绵。从而也引发了另一个思考——为什么有海绵的杯子里水就不见了？那么水到哪里去了？有充分生活经验的幼儿就说了：“水到海绵里面去了，因为海绵能吸水。”从而丰富了幼儿一个知识性经验，即海绵具有吸水性。在此基础上教师通过多媒体课件演示小结：“对了，因为海绵有很强的吸水性，可以吸走水分。其实我们生活中除了海绵可以吸水，还有很多东西也是可以吸水的，它们都是我们的朋友，你们知道都有谁吗？”在总结提升的基础上又提出了新的思考，激发了他们新的探究兴趣。始终让幼儿自己动手去操作，在操作的过程中去探索，去学习，去发现，去总结。

要让幼儿可以操作，就需要教师为之提供相适宜的材料，因此我在活动中提供了毛巾、棉布、棉花、毛线、纸巾、石头、防水绸、积木、雪花片等若干材料，要求幼儿自己动手探索，除了海绵还有哪些物体也可以吸水，反之，在提供的材料中哪些是不吸水的，并进行归类和统计。小朋友们在听清楚老师的要求之后便开始了他们的探究活动，教师巡视鼓励他们大胆地尝试每一种材料的吸水情况，并提示幼儿要注意做好记录。最后老师请小朋友们大胆地讲述自己的操作结果，最后幼儿们小结实验结果：通过实验，他们发现毛巾、棉花、毛线、棉布和纸巾都是可以吸水的，而石头、塑料积木、泡沫是不吸水的。

杜威认为“教育即生活”，他做了这样的解释：儿童本能的生长总是在生活过程中展开的。“生活即是发展；发展、生长，即是生活。”“没有教育即不能生活，所以我们说：教育即是生活。”在杜威看来，一切事物的存在都是人与环境相互作用而产生的，人不能脱离环境，学校也不能脱离眼前的生活。因此，教育即是生活本身，而不是为未来的生活做准备。所以我在设计本次活动的时候也注意了知识的迁移，使之为生活服务。

例如，活动中设置情境，引导幼儿解决问题。活动中教师“不小心”将水杯碰倒，水洒在桌面上，“哎呀，水洒了一桌，谁能想个好办法，来帮老师把桌子上的水擦得又干净又快？”让孩子们自己来思考去解决。因为前面的操作经验，有的孩子就会说：“老师，快用海绵吸一下。”也有的说：“老师，快用抹布擦一擦，抹布也很吸水的。”又例如教师提出问题，生活中利用这些物品能吸水的特点还可以帮我做什么事情？（手绢擦汗、抹布擦桌子、卫生纸吸鼻涕、棉花做成棉签等）那这些不吸水的物品对我们有什么帮助？（比如，可以用防水绸做防水的背心、围嘴、套袖，用塑料制成拖鞋、塑料袋、雨伞和雨衣等）

杜威根据自己提出的思维“五形态”理论，设计了教学的五个具体步骤：① 学生要有一个真实的经验的情境，即要有一个对活动本身感兴趣的连续的活动；② 在这个情境内部产生一个真实的问题，作为思维的刺激物；③ 他要占有知识资料，从事必要的观察；④ 他必须负责一步一步地展开他所想出的解决问题的方法；⑤ 他要有机会通过应用来检验他的想法，使这些想法意义明确，并且让他自己去发现它们是否有效。整个活动我力求让幼儿做到在做中学，环节的设计上也力求追随了杜威的五个步骤，因此整个活动我认为是比较成功的，让孩子们真正地去探索了，去发现了，更在这个过程中体验了成功和快乐。

“学然后知不足，教然后知困惑。”这句至理名言至今仍然是我工作中的努力方向。巴丹说：“阅读不能改变人生的长度，但可以改变人生的宽度。阅读不能改变人生的起点，但可以改变人的终点。”读书学习可以使我的学习能力、实践能力、研究能力、创新能力得到一定的提高，可以促进我改革课堂教学方法，提升课堂教学效益，今后我还会一如既往进行阅读，让书籍成为我工作的良师益友。

创设家庭式环境

——缓解新生入园焦虑的有效途径

林　嫣

幼儿园生活是幼儿从家庭迈向社会生活的第一步。对家长的依赖，对教师的不信任，对陌生环境的不适应，导致新入园幼儿产生不安全感，从而表现出不同程度的焦虑，有的哭闹；有的沉默不语；有的在家表现挺好，但一到幼儿园就拼命哭闹、打滚、摔东西。如果幼儿长时期焦虑不安、沉默忧虑，就会严重影响到身心健康发展。因此，帮助幼儿缩短适应期、较快的稳定情绪、愉快的上幼儿园是非常重要的。在实践中，我尝试创设以“家“为主题的环境，稳定小班幼儿入园的情绪，帮助幼儿尽快适应集体生活。

一、构筑科学的活动环境

进入幼儿园后，新环境、新规则常常使幼儿在提取原有生活经验时遭遇失败。

因此，在帮助幼儿熟悉、适应新环境、新规则时，我们应尊重幼儿的习惯，不宜提出划一的常规要求。

1. 开放、近似“家”的活动室

在活动室中，可尽量选用中低柜和通透的玩具架，靠四面墙摆放，以保证幼儿视野开阔，在每个角落都能看到教师，这样幼儿既可以获得视觉和心理上的安全感，也便于随时请求教师的帮助。

平时在家里，孩子们最感兴趣的就是读书、看电视和玩玩具了。因此，我们尽可能的贴近孩子们在家的感觉，在这三个区放置了靠垫和地毯，孩子们喜欢坐在地垫上阅读，有的还倚着靠椅看动画节目。娃娃家最能让幼儿找到家的感觉。迷你橱具、洋娃娃、玩具汽车、穿衣镜、餐桌、婴儿床、梳妆台和洗衣机、衣橱等，这完全就是一个缩小的家，孩子们在这种贴近自己生活的环境中扮演着爸爸妈妈，有效地缓解了入园的焦虑情绪。

2. “家”中角色的再现

刚开学，我们应特别注意在活动室的每个角落摆放哪些幼儿从家里带来的物品，以帮助幼儿消除对幼儿园的陌生感。

如：“爸爸妈妈在身边”，开学前我们要求家长为幼儿准备一张全家福，开学后我们把全家福贴在玩具橱上。幼儿想家想爸爸妈妈时，可以随时看看照片，以缓解思念之情。

3. 我心爱的物品

我尊重每个幼儿的家庭习惯，让每个幼儿有自己放衣服的衣帽间、衣架，在每个幼儿的座位上贴上他们的照片，让每个幼儿拥有自己的小椅子。幼儿还带来了自己心爱的小手帕、画笔、积木、被子和枕头等。这样不仅保持了幼儿原有的部分生活习惯，而且尊重了幼儿的个人喜好，有利于他们心情放松地在幼儿园生活。

4. 温馨的色彩

环境布置的色彩宜单纯、自然，因为这样的色彩会令幼儿产生丰富的想象，并使幼儿理解并产生共鸣。在家访时我们了解到淡粉色、淡蓝色是孩子们最喜欢的，许多家长也是用了这两种颜色作为宝贝卧室的背景色。因此我们的玩具橱、玩具盒、还有墙面的色彩大多用了这两种颜色可以很好地稳定幼儿的情绪。

5. 来源于幼儿生活的材料

我们收集了充足的生活材料，以便为幼儿创设一个轻松、愉快的游戏环境。例如，我们用妈妈的高跟鞋、背包，爸爸的领带、眼镜，幼儿小时候的衣服等作娃娃家中娃娃的衣服和道具，用幼儿吃过的饮料罐制成好玩的滚筒及拖拉玩具等作娃娃家的玩具。幼儿在与材料的相互作用中探究和学习，萌发了强烈的学习兴趣和求知欲。

二、营造安全的心理环境

1. 以亲情效应满足于幼儿情感需求

在陌生的环境里，幼儿最容易产生不安全感。因此，教师要始终在幼儿身旁细心照料，让幼儿对教师产生依恋感，进而获得安全感。

心理学研究表明，幼儿有强烈的情感需要和肌肤刺激的需要。教师应多摸摸幼儿的脑袋，拉拉幼儿的手，抱抱亲亲幼儿，使幼儿感受到母亲般的爱抚。教师还应像母亲一样多和幼儿进行情感交流。如，利用自由活动时间与幼儿多说说话，多倾听幼儿的声音，请他说说家里有趣的事情，平时最喜欢看什么电视节目，自己都有哪些好朋友，等等。情感交流能让幼儿对教师产生亲切感和依恋感，从而促进更亲密的师幼关系的形成。

2. 开展丰富有趣的亲子活动

在我园每个月都会有家长开放活动，我们都会组织一些亲子活动，把爸爸妈妈请进幼儿园和孩子一起游戏。我们先后组织了小熊节、睡衣节、生日会、母亲节、父亲节、儿童节、中秋节、重阳节、元宵节、运动会、摘葡萄、掰玉米等活动。几乎是月月有节，周周有庆祝会。虽然教师的工作量增加了不少，可孩子们的幼儿园生活变得精彩有趣了，幼儿也更喜爱幼儿园，更喜爱老师了。

（1）宠物朋友节。

刚入园时，幼儿来到陌生的环境，对班里的教师还不熟悉，也不太信任。父母离开后，他们更是感觉缺少了依靠，于是有的幼儿就会特别依恋自己的物品。针对这种现象，我们在开学第二周策划了一个“宠物朋友节”，允许幼儿带着自己的睡偶或最心爱的娃娃，一起游戏，一起进餐，一起睡觉。我们安排了：来园——向宠物玩具介绍自己的座位、活动室；区角活动——带着自己的宠物玩具一起去活动区游戏；集体活动——“我的宠物朋友”；户外活动游戏——“运送宠物娃娃”；午餐前——和宠物娃娃一起听教师讲故事；午睡时——宠物娃娃陪我午睡；起床后——和宠物娃娃一起跳舞。在活动中，幼儿通过向自己的宠物娃娃介绍自己的幼儿园，他们俨然成为了幼儿园的小主人。通过介绍自己的宠物玩具，伙伴和宠物玩具成了大家关注的焦点。此时，教师适时引导："宠物朋友好羡慕你们每天能来幼儿园，和这么多小朋友和玩具玩，真开心！"这一系列的活动使幼儿感受到和大家分享心爱的玩具比一个人在家里玩更开心。午睡时孩子们的表现最出色。自从由宠物娃娃陪伴睡觉，幼儿的心情就特别好，焦虑感也减轻了，生理和心理需要都得到了满足。通过"小熊节"的活动，幼儿自然而然的熟悉了幼儿园一日生活常规。

（2）睡衣节。

平时在幼儿园，大家总是穿着整齐的服装，为了让幼儿进一步感受幼儿园大家庭的温暖，我们在第三周组织了"睡衣节"活动。这天，幼儿和教师都穿上自己心爱的睡衣来参加幼儿园组织的各项游戏活动，一来可以让幼儿放松，摆脱不良的情绪，二来有种坦诚相对的感觉，交谈会比较放松，师幼、生生之间的防卫心理消除了，可以更深入的与大家沟通。

① 悠闲吧。

我们在电视区铺上地毯，随意放上各式靠垫，墙上贴着"欢迎你"的标语以及幼儿的集体照。我们还播放一些幼儿喜欢的动画节目。

② 自助加餐区。

我们在自助加餐区铺上漂亮的桌布，摆上幼儿最喜欢喝的饮料，并精心制作了小刺猬造型的水果拼盘，让幼儿自己拿餐盘选择喜欢的水果、饼干和饮料。

③ 有趣的游戏区。

充满合作性、竞赛性、独立性且形式多样的游戏，使幼儿玩得不亦乐乎，如推卡车、抓尾巴、投球比赛、开扭扭车等。

④ 温馨的装扮区。

女孩子最喜欢化妆，教师这天帮她们梳的小辫子也与平时不同，细细的小辫子上串满了各种颜色的小珠子，爱美的女孩们开心极了，有的忍不住亲亲教师。教师还为男孩子画超人、蝙蝠侠、蜘蛛侠、老虎、狮子等脸谱。幼儿从镜子里看到自己神气的样子，觉得教师真了不起——这可是妈妈不会的。家长们都兴奋地告诉我，孩子们回家后不停地说："睡衣节好开心！

幼儿园真好玩！”打这以后，很明显的变化是，幼儿喜欢接近教师了，师幼间的情感更融洽了，幼儿都喜欢上幼儿园了。

实践证明，创设以“家”为主题的环境是缓解新生入园焦虑的有效途径。它可以帮助幼儿较快的稳定情绪，缩短入园适应期（从原来的一两个月缩短到两三周），同时也激发了幼儿喜欢上幼儿园、愉快的上幼儿园的积极情感。

探索结构游戏中辅助材料设置的问题

王黎明

结构游戏是幼儿典型、特有、自主，且最喜欢的游戏之一，对培养幼儿的思维能力、动手能力、创造才能和合作意识具有积极的作用。而结构游戏所提供的多种辅助材料，则能进一步诱发、支持、发展幼儿的游戏行为，是促进幼儿发展和延长幼儿活动时间所不可缺少的工具。为幼儿提供游戏辅助材料和幼儿发展教育有着极为密切的关系，因此探讨如何合理地设置结构游戏的辅助材料是十分必要的。

一、辅助材料设置存在的问题

（一）辅助材料的“三少”

（1）辅助材料种类少。在巡查中我们常常发现幼儿在结构游戏中的作品所使用的材料千篇一律，多数都是幼儿园提供拼插积木和积塑玩具，辅助材料种类极其少，常见辅助材料有易拉罐、用纸制作的小树、塑料花、小汽车和动物模型。

（2）辅助材料数量少。辅助材料的多少直接影响幼儿开展活动的水平，由于所提供的辅助材料太少，经常引起幼儿之间的争执打闹，每次活动教师都要及时介入调解，大大影响活动质量，少量的辅助材料也使整个结构作品显得黯然失色、了无生机。如广泛用于搭建“大楼”和“立交桥”的易拉罐，最多 20 个，用于装饰搭建“小区”环境用的小树也在 10 个左右，小汽车和动物模型更是寥寥无几，破损严重。

(3)辅助材料再加工利用少。主要表现在幼儿运用辅助材料的功能过于简单,在结构活动中,幼儿常用易拉罐当柱子来搭建“高楼”和“立交桥”,其实易拉罐可以和瓶盖、铁丝组装变成小汽车或连接成小火车,易拉罐和吸管组合变成立体雕塑以及小栅栏,将易拉罐包上彩色的即时贴等,小小的改进和加工就会让幼儿耳目一新,联想翩翩,极大调动幼儿的想象力和创作力,由于教师只注重幼儿能在短时间搭建出建筑作品,在辅助材料加工利用方面欠缺进一步指导,所以不能有效地诱发、支持、发展幼儿的游戏行为。

(二)辅助材料摆放凌乱

结构区角中的辅助材料多数来源于废旧材料再利用,生活中便于收集,当幼儿和家长在老师的召唤下,将收集到的辅助材料,源源不断地带到幼儿园来时,结构区就会变成“收破烂”的集合地,令教师们苦不堪言,有的老师能将适用的材料筛选、分类摆放或装入筐中,让幼儿自由取放,也有的教师干脆将辅助材料统统放入箱中,随用随取,更有的老师留下极少的可用材料,将大部分辅助材料转移到垃圾箱。

每次区角活动后,幼儿都是简单地收拾,急匆匆地离开,即便是老师在评价中强调辅助材料的摆放,但由于督促不够,辅助材料的摆放总是显得凌乱。

(三)辅助材料消毒易被忽视

辅助材料和结构区的其他材料一样,幼儿会天天接触,可是我们更多关注的是积木和积塑玩具的消毒,忽视教师为幼儿所提供的辅助材料的消毒。例如:没有及时冲刷的易拉罐、喜乐多等小瓶子内长毛,塑料花上的灰尘,小汽车和动物模型被小朋友传来传去带上细菌等。一周一月一学期悄悄过去了,被发现的“患有病情”的辅助材料,被老师或小朋友丢弃到了垃圾箱,没有显脏的辅助材料,依旧在小朋友之间传递着,而教师却置之不理、熟视无睹。

(四)辅助材料的持久性和幼儿兴趣的不持久性不断升级

由于教师为幼儿所提供的辅助材料多数不易损坏,就拿易拉罐来说,只要无异常，可以用两年以上，幼儿从中班就用，到了大班还接着用，致使辅助材料使用的持久性越来越长，但是，随着幼儿不断简单重复辅助材料操作过程，天天面对固定不变的辅助材料，就会逐渐对辅助材料的使用失去了兴趣，削弱幼儿搭建兴趣的持久性。

二、对辅助材料设置的反思

经过对结构区活动的观摩和研讨，老师们对结构区辅助材料的设置有了新的认识，也想出了不少好方法。

（一）依据活动主题选择和提供辅助材料

我们每月甚至每周所构建的结构区建构主题是不相同的，为了使提供的辅助材料能进一步诱发、支持、发展幼儿的游戏行为，就要依据结构活动主题，了解幼儿的需要，选择和提供相应的辅助材料，激发幼儿参与活动的兴趣，促使幼儿获得有益的学习经验。

例如搭建“美丽的小区”，就要为幼儿提供建楼用的装饰过的易拉罐，结合季节提供保护环境用的小树、小花、橡皮泥，废旧纸盒做的垃圾箱，用纸壳做的马路上跑的汽车、红绿灯、人行横道线、车站牌，介绍建筑的标志牌（×× 医院、×× 学校、×× 超市）、沙、彩带等材料；而搭建“海边美景”则更多地为幼儿提供蓝色皱纹纸或蓝色塑料袋、折叠小船、小鱼、水草以及小石头、栅栏、椅子、帐篷、少量的沙、挖沙的工具等材料。只有这样，才能调动幼儿的创作欲望，为幼儿插上想象的翅膀，才能使拼插出来的结构作品贴近现实生活，内涵更加丰富，形式更加多样。

（二）加强辅助材料的加工再利用

每一个结构活动主题所需要的辅助材料的数量和种类不都是越多越好，要因地制宜，依据搭建的作品而定，且不能将辅助材料变为主要材料加以运用，主要还是运用积木和积塑玩具，让幼儿更多地掌握拼插、垒高、加宽、围合、组合、镶嵌等技能。

我们可以依据班级幼儿的数量，有计划地请出一组幼儿（6～8 人），在老师的指导帮助下，配合结构区搭建的内容，将辅助材料加工，充分发挥幼儿的思维能力、动手能力和创造才能，制作出仿真物体，增强幼儿的自信心。例如：幼儿用牙膏盒制作高楼或汽车；用吸管作花茎，将画好的小花粘好，插入饮乐多瓶中组成花园；用烟盒做垃圾箱；用旧报纸作雕塑等。只要我们给幼儿稍加引导，幼儿就会张开想象的翅膀，通过他们灵巧的小手，送给我们一个惊奇的礼物。

（三）管理的全面性

（1）教师观念。结构区辅助材料的设置不仅反映出教师对教育的投入，也反映出教师工作的主动性、积极性、创造性，更反映出教师的教育理念还有待于转变和提高，如结构区辅助材料到底要投放什么？投放多少？放在哪里？幼儿如何取放？这些问题都有待于进一步研讨。

（2）管理持久性。结构区辅助材料的设置同时也反映出活动管理就像熊妈妈掰苞米，抓一个掉一个，抓结构区的教师重视结构区，抓科学区的教师又忽视结构区，不断循环往复，好的经验做法不能得到有效地延续继承，造成样样抓样样松的可悲局面。如幼儿运用材料的常规工作，教师只是在活动中提出要求，却不能持之以恒地抓落实，造成幼儿不能养成自觉收放各种活动材料的良好习惯。

（3）辅助材料的消毒工作。要想做好辅助材料的消毒工作并不难，只要加强辅助材料投入前的清洗工作，加强定期暴晒、洗刷或紫外线消毒等方法，都可以将问题解决，问题的关键在于有没有引起我们足够的重视。

总之，辅助材料的设置只是我们教育教学工作中的一件小事，我们教师不能以事小而不为之。正如观念决定行为，行为决定习惯，如果我们把小事当大事来对待，相信孩子们的思维能力、动手能力、创造力、分工合作意识都会飞速地发展，会更加喜欢结构区活动，更愿意参与到结构区游戏中来。

科学教育活动中的兴趣、探索与评价观

李　莎

什么是幼儿科学教育？幼儿科学教育是应成为引发、支持和引导幼儿主动探究、经历探究和发现过程，获得有关周围物质世界及其关系的经验的过程，使幼儿获得乐学、会学这种有利于幼儿终身发展的长远教育价值。其特点是能引导幼儿主动学习、主动探索的过程，具有一定的生活化及生成性。是支持幼儿亲身经历探究过程、体验科学精神和探究解决问题策略的过程。是使幼儿获得有关周围物质世界及其关系的感性认识和经验的过程。幼儿对事物的特点决定了幼儿如何来掌握科学的方法，四至五岁的幼儿正是具备了此年龄段所存在的好奇心和求知欲的需要。在此，教师的引导和启发，也是促进幼儿创造力和探索欲的催化剂。在幼儿探索过程中，我们结合中班《纲要》中指出的："要引导幼儿对身边常见事物和现象的特点，变化规律产生兴趣和探究的欲望"为主线，及时抓住幼儿探究的兴趣点，给予支持、合作、引导，激发起幼儿勇于尝试、乐于运用多种方法进行探索的欲望，真正使幼儿获得内化的经验。因此，如何来提高幼儿对科学探究的兴趣是幼儿首要解决的问题，现就我工作中的一点做法进行如下探讨：

一、关注幼儿的兴趣点，引发幼儿探索的积极性和主动获取知识的经验

众所周知，兴趣是最好的老师，是求知的起点，《纲要》中也提出科学领域的第一大目标是"对周围的事物、现象感兴趣，有好奇心和求知欲。"幼

儿的好奇心每时每刻都会在一日活动中体现，当事物出现时幼儿就会做出反应，提出问题，并追根求源。这时，就要我们教师及时激发幼儿的思绪，引起探究的欲望，开始创新的活动。因此科学教育的内容就是以幼儿身边的现象为主要认识对象，来引起孩子的好奇心，成为幼儿兴趣的兴奋点。比如："沙子变了"这一活动中，幼儿的热情特别高涨，因为孩子们通过软软的沙子中能够体验自己自由想象的空间。活动准备中又把颜色渗入其中，更加提高了幼儿想做一做的欲望。因此，我们设计了"沙子变了"的活动，通过实验和动手操作，让幼儿观察了解三种原色分别混合后能配制出新的颜色的现象，知道颜色可以变化。在准备过程中，我们把各种颜色（红、蓝、黄）的沙子装在玻璃瓶内盖紧。然后教师拿起装了红色和蓝色沙子的玻璃瓶，问幼儿：瓶子里的沙子是什么颜色的？请幼儿猜一猜：如果把两只瓶子里的沙子混在一起，瓶子里的沙子会是什么颜色的？通过这样的引发，幼儿想象的思路变的宽了，想探索的积极性变得更主动了，于是一个个问题也在动手的操作中应运而生。再比如：认识"各种各样的纸"中，幼儿通过各种渠道收集了不同质地的纸，通过杂志或上网了解了纸的加工过程。在老师的引导下，又利用纸的特性，制作了各种玩具，幼儿对纸的认识不断地得到深挖掘，幼儿的兴趣欲也不断地在探索和操作中得到发展。

二、自由探索的活动空间，易于发挥幼儿创造的能量

"一日活动即课程，时时处处是教育"。除在教育活动中让幼儿充分自主地探索、发现，还设置了相应的区角材料，为幼儿提供动手操作、动脑思考的机会，通过做一些科学小实验，了解了一些粗浅的科学小知识，比如："跳动的小豆""天平""会变色的水""沉与浮""磁铁的奥秘"等，这些无不让幼儿的大脑发挥其充足的想象空间。如：在幼儿玩"跳动的小豆"过程中，了解了震动会让小豆跳得高和低，也从中知道了声音高小豆跳得高，声音低小豆跳得低的不同。在"天平"中，幼儿通过操作感知物质的多与少和重量之间的关系等实验中，知道了一个物体的重量可以由多个或更少的物体来衡量等。

另外，我还发现幼儿对磁铁的兴趣虽然浓厚，但操作中只会用磁铁吸

铁钉一类的东西，这时幼儿不是在原地不前，而是不断地寻找可能发现的现象。如：一次活动后，李乐天小朋友和杨昊小朋友在黑板前，指指点点地说着什么，我就走过去问道："你们在干吗？为什么不出去活动？"李乐天说："李老师，这些小动物是贴上去的吗？"没等我回答，杨昊小朋友就说："是用双面胶还有胶水粘的。"看到他们好奇的神态，我就对他们说："都不是，你们拿下来看看不就知道了吗？"于是两人一人拿一个小动物的卡片看了又看说："噢，是铁呀。""不对是磁铁"。就这样，两人的好奇心很快得到了满足。以后在活动区中我们也时常投放一些这样的半成品材料，与美工区和表演区等活动区结合，让幼儿在做做、玩玩、说说、唱唱中不断得到创造的能动力。

三、评价活动，促幼儿探索活动的再延续

《纲要》中指出："评价目的是通过对幼儿发展状况的把握，及时调整课程方案以适宜于幼儿的发展"。我们知道，教育评价是一个活动的过程，它是一种特殊的、连续性的活动，其中包含着一系列的步骤和方法，而不是单一性的活动。它是我们日常生活中的价值判断，是由确定目标、搜集资料、分析资料、形成判断、指导行动等活动组成的。也可以说是在自然状态下进行的，它不约束于任何一方，是相互对立的，又是相互合作的。它不是把评价当做幼儿的最后发展结果，而是把评价更多地着眼于幼儿的观察、思考、解决问题上，着眼于幼儿学习过程中的兴趣、习惯、情绪及态度上，使评价真正成为教师与幼儿对话的起点，真正能促进幼儿发展的再延续。如：在"好玩的陀螺"活动中，我们为幼儿准备了许多陀螺，引导幼儿玩陀螺，激发起幼儿的兴趣，然后引导幼儿用各种方法使陀螺转起来，听一听陀螺转动时发出了什么声音？活动到此可以说已经完成了玩陀螺的目标，如果这时你就此停手不给予进一步的引导，幼儿可能在原地不动，幼儿的兴趣也会在很短的时间里停止不前了。如果在幼儿尝试玩的过程中加以引导，幼儿学习探索的兴趣会在原有的基础上更能得到好的发展。如：你给陀螺涂上颜色陀螺转动起来会是什么样子？然后想办法让陀螺转动起来，观察陀螺转动后颜色的变化。并进一步引导幼儿想一想，为什么会出现这样的变

化？这时，当幼儿对这一横向的探索有了一定的了解时。再引导幼儿纵向探索。如:“做陀螺”，首先为幼儿提供纸壳、喜乐瓶、杯盖、彩笔、剪刀、无头火柴棒等等材料，引导幼儿设计制作各种陀螺，并按自己的设想装饰陀螺面。使幼儿在做做玩玩中探索，幼儿的兴趣会随着制作的完成更能提高幼儿探索的再继续。

总之，我们生活的世界是神奇的，对幼儿进行科学启蒙教育的手段与方法很多，他需要教师的发现与开发，所以教师所起的作用是巨大的。她可以激发幼儿的感知热情，引导幼儿在实际操作中理解简单的科学知识，培养他们善于观察、勤于思考的良好习惯，带领幼儿广泛的接触科学，让幼儿愉快地去探索，去领略科学的奥秘与伟大。可以随时抓住幼儿探索的兴趣点，挖掘每个幼儿探究活动的价值，并给予支持和鼓励，使幼儿初步理解科学的实际意义，了解和享受这一切，培养他们乐于探究的欲望，激发起幼儿的好奇心和求知欲。也要站在幼儿的立场上，带着一颗童心看待幼儿的行为和需要，小心地呵护幼儿的冒险行为、创造精神和自信心，激励幼儿的创新表现和探索欲，让科学教育在培养和发展中发挥更大的作用。

打开幼儿园集体教学活动大门的钥匙

——浅谈幼儿园集体教育活动的导入方法

赵晓晶

俗话说:“良好的开端是成功的一半。”教学活动亦是如此。若要使教学活动一举成功,达到先声夺人的效果,那么精彩的导入必定起着举足轻重的作用。导入是很重要的一个环节,它是教育活动的开端,是教师谱写一首优美的教学乐章的前奏,是师生间情感共鸣的第一个音符,是师生心灵沟通的第一座桥梁。因此,在教学活动中,我们要重视导入环节的设计,根据不同的教育活动来设计不同的“钥匙”。那么,怎样才能获得这把能够打开教育活动大门的钥匙呢?下面结合具体实践谈谈我在工作中的几点积累与体会。

一、明确导入活动在整个教学活动中的角色地位

导入活动的目的是吸引幼儿注意,激发他们的学习兴趣,或了解幼儿原有经验,或复习旧知识为学习新知识做准备,同时又起到了顺利过渡的作用。虽然它在整个教学活动中非常重要,不可或缺,但是要把握它的配角地位,绝不可喧宾夺主。一般来说,在活动中只占五分之一比例,更多的时间要留给幼儿学习新的内容,让孩子们有充足的自主学习的机会,否则会失去导入活动的作用。例如:在活动“广告纸的妙用”中,老师首先让大家上来说说电视上看到的广告,然后再问还在哪里看到过广告,这样讨论了好长一段时间才引出人们还印广告纸挨家挨户发,传送信息,这样的广告

纸看完后怎样进行再利用呢？到这里才引到正题上来，结果时间已经过了一半，当然这后面的内容只能是匆匆而过，这样就会失去导入活动的作用。

总之，导入的形式多种多样，但不管是哪种形式的导入都要把握一定的度。导入活动要能激发幼儿的情感、学习动机和学习热情，主要目的是把孩子的注意力转到下面要学的东西上来，能够顺利承接后面教学内容，为新的学习起到一个真正的准备作用，绝对不能过于繁琐、冗长，使幼儿对随后的环节丧失兴趣。

二、从针对性入手，体现导入活动的个性化、艺术化

（一）要针对目标

集体教学活动时间紧凑，导入活动应防止信口开河的现象，一定要根据教学的既定目标精心设计，与教学目标无关的不要硬加上去，不要使导语游离于教学内容之外，浪费有限的教学时间。

（二）导入方式要符合学科领域及具体内容的特征

导入形式丰富多样，有谜语导入、解题导入、复习导入、游戏导入、设置悬念导入、讲述故事导入、直接导入等，我们要根据不同的领域、不同的内容和不同的教育价值，充分展现教材中所蕴含的教育价值，而选择合理的导入方式。

比如，一般来说，歌曲引入、情景导入、诗歌及故事导入就不适合于数学和科学的教学活动，因为科学、数学活动要求幼儿的思维的逻辑性和严密性比较高，活动本身的探索性强，并且要有一定的知识经验做准备，但由于幼儿的抽象逻辑思维还未较好发展，仍以直观形象思维占主导地位。所以，在组织这类教育活动时，比较适合的是经验导入、材料导入、环境导入、复习导入这些导入方式。比如：我们可以联系幼儿已有的知识经验，尽管孩子们积累的只是一些比较直观、肤浅的经验，但是幼儿亲身感受的，和他们的生活有着密切的联系，总能很好地激活幼儿的兴奋点，使探索活动顺利展开。也可以从复习已学过的知识点出发，让幼儿自然而然地进入活动。还可以先给出材料，幼儿通过看看、摸摸、捏捏、敲敲等摆弄活动，会产生很

强的探索欲望，可增强活动的有效性。在组织“蜗牛”这一活动中，我请幼儿回忆：你是在哪里找到蜗牛的？你捉蜗牛的时候它正在干什么？蜗牛是怎样爬的？你在蜗牛爬过的地方发现了什么？由于课前老师布置过请孩子利用周末捉蜗牛的任务，所以孩子对这些现象都不觉得陌生，有话可说，幼儿回答很积极，通过互相的交流，也帮助幼儿了解到蜗牛的生活环境。当幼儿注意到这些问题后，再引导幼儿探究其中的原因，对更深层次的或自己还不知道的一些问题，有了探究的愿望，探究活动也取得了较好的效果。又如在“沉和浮”这一活动中，我为幼儿准备了纸、塑料积木、木头、铁钉、棉花、石头、弹珠、小船、乒乓球、装满水的玻璃盆等许多材料，爱玩水是每个孩子的天性，看到这些材料，许多孩子就已经跃跃欲试了。我赶忙说：“小朋友，请把这些东西放在水里玩一玩，你会发现什么？”幼儿很高兴，纷纷挽起袖管玩了起来。通过导入部分的操作，幼儿积累了丰富的有关沉与浮的感性经验，这就为教师接下来分析材料的质地和沉浮之间的关系做了准备。

又如：谜语导入、谈话导入、欣赏介绍导入比较适合艺术领域。在美术活动“春姑娘”中，我先向幼儿介绍：传说天上有位美丽的春姑娘，黑头发，圆脸蛋，穿着漂亮的衣服，随着微风飘呀飘，她飘到哪里，哪里就会变出绿色的草地，美丽的花朵，树叶也发芽了，因为她有一条奇妙的裙子。然后展开讨论：春姑娘的裙子和我们的裙子有什么不一样？她有一条用什么做的裙子？你觉得她长得怎么样？她会给我们带来什么？这样自然进入了画春姑娘的主题和意境中去，使孩子不仅明确要画春姑娘，还知道可以用柳树、绿草地、小花、蝴蝶等添加美化画面，通过想象绘画美丽的春姑娘的同时，让孩子有一个美丽的享受。在美术活动“蜻蜓”中，我先请孩子们猜个谜语：“一双眼睛圆又鼓，身体就像细细棒，翅膀两对薄又轻，飞得高来又飞低，水面一点画个圈，还是捕蚊的小能手。”孩子们的兴趣一下被调动起来，在猜谜的过程中，对蜻蜓有了进一步的认识，当老师拿出范图的时候，大家齐刷刷地把目光都集中在蜻蜓上，仔细地观察以求对证，因为谜面里揭示了蜻蜓的身体特征，还对生活习性有了一定的描述，所以就能自然进入示范画画环节，并且不用做生硬的讲解，而是简明扼要，孩子们最后的画面不拘一格，丰富多彩。

当然，各种导入方式在各领域中的运用并没有绝对的界限，在这里要把握相对的特征性问题。比如，情景导入比较适合于健康领域、社会领域的教学，也同样适用于某些艺术领域、语言领域的教学，甚至也可运用在某个科学、数学的教学活动的导入部分。而即便同样是故事教学，也可以选用多样的导入方法，比如，在主题“我家和我家附近”的其中一个语言活动“大黄猫进城”中，由于这个故事对中班孩子来说，情节发展较为繁复，为了减少琐碎、麻烦的过程，我就采用了直接导入法，即将故事直接呈现出来给幼儿欣赏。让幼儿完整地了解和体验故事的发展脉络，在全神贯注地完整倾听和观察图片中，了解故事的内容，并能跟着故事的进展，细心注意画面上的标志、路标、招牌、建筑等。特别是对一些篇幅较长、蕴意丰富的故事来说，这种方式可减少不必要的铺垫导入，如在欣赏儿童文学《胡桃夹子》时，我直接讲故事，把孩子带入到了故事本身的意境和悬念中，重点去体验贯穿在整个故事中的情感变化，从开始到发展、高潮，直至结束，这样将更有利于保持其参与活动的专注性和注意力。但直接导入方式也不是在所有故事教学中都是万能的，如在组织幼儿开展“猴子学样”活动时，老师若还是采用直接导入方式，那么孩子在听完故事后容易失去对故事的新鲜感，而且情绪兴奋，不能很好地静下心来思考老师所提的问题，所以我就对这个表演性强的故事采用了故事表演导入法。先在活动前编排好情景表演剧，请一名幼儿扮演老公公，请另外几名幼儿扮演猴子，让大家观看。通过观看表演，幼儿对故事的整体内容有了大致的了解，老师可以再提问:“表演的对象是谁？”“看到了什么？哪些地方最有趣？”“猴子在做什么？”……幼儿在表述时会在所看到的情景剧中又加入自己的思考，这时老师只需让幼儿完整欣赏一遍故事内容，在幼儿对故事情节、故事语言都能很好地理解以后，就可以请幼儿参与故事表演了。故事表演导入法不仅可使幼儿在专注观看表演的过程中，潜移默化地对故事的结构和氛围有所了解，同时还能通过贴近幼儿年龄特点的小猴子表演，将幼儿的兴趣点更大程度地激发和调动起来，让活动真正建立在幼儿的兴趣之上。

（三）导入方式体现不同的年龄特征

不同年龄的孩子注意力及感兴趣的事物和思维特点等都会有所不同，

教师在导入活动中应予以充分考虑。

比如：在体育游戏“跳高跳低”中，要求小朋友了解皮球拍得重，跳得高，拍得轻，跳得低，发展相对应的跳跃能力，培养参加体育活动的兴趣。由于3～4岁孩子对皮球的这种特性还未能充分建立起相关的经验，这个阶段的孩子的思维是直觉行动思维，导入中最好能借助具体的实物或形象的图片、手偶或情景表演直观呈现，如果以谈话的方式不能迅速集中注意力，不能有效唤起以往经验的记忆。所以我在活动时向孩子们呈现了一只有眼有嘴巴的皮球宝宝，并以拟人的口吻介绍：“我呀，是一个听话的皮球宝宝，拍一拍，跳一跳，拍得重，跳得高，拍得轻，跳得低。”“皮球宝宝”一下子激发了孩子活动的兴趣，孩子们都跃跃欲试，争先恐后地与皮球宝宝交朋友。这下就能顺利过渡到让孩子们都作皮球宝宝，来参加游戏的目的，达到了理想的活动效果。

4岁孩子的思维方式主要是具体形象思维，他们能理解生活中熟悉的和生活经验相联系的事情。所以可以试着从凭借教具导入转入到语言导入，引导孩子积极联想。比如：在分享阅读《小狗的一天》，我用读本联系法来设计导入活动：“亲爱的小读者，今天又到了阅读时间，在前面，我们已经学过了读本《毛毛虫去散步》《小海龟》的内容，这两个读本讲的都是某个小动物的所做的事情，今天读本中的主人公在《跑呀跑》中出现过。”这样孩子就会积极思索该读本的主人公是——小狗，然后请孩子们回忆你见过的小狗是什么样子的？孩子们都愿意分享有关小狗的经验。这个导入既对以前的读本有概括性的回忆，又一下子激发了幼儿产生学习新读本的兴趣，也促进了幼儿的联想能力。

5岁的孩子思维时依赖的是表象，具有了一定的概括性，但只是概括事物的外部特征，6岁的孩子开始认识事物发展的逻辑或因果关系。所以对于中大班的孩子在导入设计中可以有意识地加入概括、逻辑思维为特征的导入活动。比如在数学活动“认识梯形”中，我采用复习导入法：我们已经学过了长方形，观察这些长方形，你能说出他们的共同特点吗？然后教师指着梯形，请幼儿辨认：这个图形和长方形相比，哪里一样？哪里不一样？根据幼儿的回答，就将长方形和梯形重叠起来，进行比较。

所以导入时若根据不同幼儿年龄发展水平，客观地分析幼儿素质和能力，并适时进行引导，满足各阶段幼儿的发展需求，符合最近发展区的规律，不仅能受幼儿的喜欢，顺利导入主题，而且能促进幼儿分析、比较、理解、抽象和概括能力的发展，最大限度的发挥他们的聪明才智。

三、导入设计要注意语言的输入和输出，不能追求表面上的热闹

记得在一次《我爱运动》的阅读活动中，老师足足花了6分钟时间播放了一个介绍运动项目的专题片，该片激发了孩子的兴趣，但播完后，教师并没有针对该片组织语言实践活动，仅仅轻描淡写地说道："今天我们要读一本有关运动的读本《我们爱运动》。"这样的导入使孩子与读本没有产生互动，如同虚设。在这里，我们还要特别注意导入部分问题的设计，我们往往会出现把握不好问题的指向，有时还会重复提问，以至于产生"看似热闹，却没有什么价值"这一现象，有时，我们设计的问题指向太过笼统，指导不明确，使孩子不知道如何回答，有的脱离了幼儿生活的积淀和已有知识，更使他们无从着手，不知道从什么角度去解决；有时指向太过狭窄，使得幼儿回答呆板，禁锢了他们思维，抑制了他们的创造性思维的发挥，所以在课堂活动的开端要注意问题设计的把握，从问题设计的开放性、启发性、层次性方面去考虑，在教学实际中，教师要根据幼儿的回答，步步深入提问，巧妙设问，从而引导幼儿很有兴致地投入到学习活动中去，提高他们的学习效果。

四、导入活动也要注意"情绪状态的铺垫"

在一次期末的一人一课中，我记得有两位老师进行了《小海龟》这个读本教学。两位老师以出示一张图片或玩偶进行导入："今天，我们班来了一位小客人，是谁呀？"在一番提问之后，老师说："今天我们要看的书就是讲了有关小海龟的故事。"然后出示第一页：看到了什么？（蛋）蛋怎么了？怎么看出来的？紧接着看第二页：看到了谁？（小海龟）有只小海龟出生了。可能我们的两位老师都看了教师指导手册，但是这样的导入似乎有些

平白，如果再能考虑到情绪的导入就会更好些。因为这个读本从意境和语言上来讲都是非常优美的，尤其是小海龟刚出生，它对周围的一切是陌生的，是带着新奇的眼睛去观察周围的一切。所以我们不妨这样设计：课前先请家长们向宝宝谈谈，如“宝宝是如何出生的？”“宝宝出生时的样子怎么样？”让孩子们对出生问题产生兴趣。在教学过程中，可以先直接出示第一页：你们看到了什么？（蛋）这个蛋在哪里？（让孩子观察背景）蛋怎么了？你是怎么发现的？这时，教师可以边播放背景音乐，边讲述：在大海边，沙滩上，有一枚大大的蛋，过了好久好久，有一天，啪，蛋裂开了！原来有一个宝宝要出生了！你们猜，蛋里面会出来哪个宝宝呢？小孩子都会很愿意猜，老师可以请三四个幼儿来猜，不做肯定或否定。然后出示第二页：看，谁出生了？（小海龟）这个时候，孩子们会拍手欢呼小海龟的出生。小海龟刚出生时是怎么样的？慢慢地，眼睛睁开了，会看到些什么？这样就调动了孩子对故事保持优美、新奇的这份状态。其实，情感是进入读本学习的基础，如果孩子与读本产生了情感上的共鸣，才会有更多地自主的思考和遐想，虽然现在孩子或许还不能完全地表达出来，但避免了这种为看图而看，为读而读的外在性的阅读现象。

在故事、儿歌、歌曲等一些作品中，教师要反复地通过吟诵，与文本与作者对话，了解作者在作品中所寄予的思想情感，了解作品的情绪基调：或欢快、或喜庆、或优美、或轻柔、或悲伤、或缓慢……并自然运用于导入活动中，使老师的情绪与创设的意境、氛围都与作品本身相交相融，这样才能更好地帮助孩子理解作品的情感，并正确运用情感表现作品。在这里，老师要学会跟着孩子的发现、跟着孩子的惊喜一道惊喜。

五、面对同一批孩子，导入设计要讲究风格、形式、语言上的变化和新颖

很多老师喜欢或已经用惯了“今天，老师给大家带来了一幅画”“今天，老师给你们带来了一首好听的歌曲”或“嘿，大家好，我是小熊”“今天，我们的教室来了两位客人”等，每天雷同，缺少激情和变化，也必定影响孩子对活动的兴趣，情绪懒散。

六、从细节处入手，追求导入活动更精彩

我们常说："细节决定成败。"在一节课中同样也是这样。教学活动的各个环节都要成竹在胸，导入活动也不例外，但不能照本宣科，也许孩子的回答或孩子的已有经验跟自己的设计不一致，所以教师要提前做好充分的"应急预案"。

如果把整个教学活动比喻成船的航行，那么设计好精彩的导入活动，就如船儿扬起了美丽的风帆，它将充满激情，满载美好的向往，或一帆风顺或激流勇进，愿小船在海上一路留下亮丽的风景线，一路无限精彩，最终驶向理想的彼岸！

美术活动中的催化剂——游戏

姜培培

游戏是幼儿最感兴趣的活动之一，通过游戏性的教学方式，能让幼儿真正进行最自主的美术活动。而这种游戏比一般的游戏内容更丰富，规则更宽松，过程更复杂，结局更多变化。中班幼儿的心理正处于一种爱说爱玩的阶段，涂涂画画是他们的天性，但我发现这种兴趣是短暂的，所以在美术课教学中，我抓住了本班幼儿好奇、易兴奋、好探求的心理特征，关注他们的兴趣点，通过多种方式使幼儿产生强烈地获得知识、表现艺术情感的欲望，从而主动自觉地进入想象氛围。《纲要》中指出，教育活动内容的组织应充分考虑幼儿学习的特点，注重综合性、趣味性、活动性，寓教育于生活、游戏之中。因此在美术教学中我还创设了"游戏课堂"这一趣味性的教学形式，即根据学习内容在课堂上有目标地创设一些有趣味性的实践活动，激发幼儿主动学习、发现、分析、研究、享乐和发展，既满足了幼儿爱玩的需要，又培养了幼儿会玩的经验。在这种自由和谐的课堂中，幼儿可以发挥无限的想象，不断地创造着新的奇迹。但正如一位学者所言："美术教育是一把双面的刀刃，教得多了，儿童极易成为教学内容与教师偏好的奴隶，难以挣脱，有幸挣脱，亦已身受伤害；教得少了，期待自然开花的结果，却常见幼儿为技巧不足的挫折感所苦，学习的过程空有刺激而没有收获。"

著名儿童美术教育家杨景芝教授说过："每个孩子都具有丰富的创造力，每个孩子都各具特点，只要我们正确地加以引导，孩子们的潜能意识都能得到很好的发挥。”因此我以游戏作为教学的催化剂，以“寓教于乐，寓教于玩”作为我教学的指导思想，让幼儿真正进行最自主的美术活动，实现在学中玩、在玩中学。

一、善用游戏，激发幼儿的学习兴趣，使他们“乐学”

有句古话：“教人未见意趣，必不乐学。”培养学生学习美术的兴趣是美术教学的生命。在美术活动中，教师应运用有效的手段去了解幼儿的创造兴趣，以适应幼儿的发展需要。系统论告诉我们，有兴趣就容易抗拒外界干扰，提高接受效率，兴趣是最好的老师，是学习者成功的原动力。如：在冬天主题活动“我眼中的冬天”教学时，我将它设计成一个游戏活动，用各种蔬菜雕刻的花纹和工具布置出游戏场景，吸引孩子们的注意力。活动中，我鼓励幼儿随意选择自己喜欢的工具和材料，大胆尝试，自然而然地在玩中体验到各种材料、工具使用的特点及不同组合的不同效果，并要求孩子在体验之后勇敢地说出自己的想法，这样，孩子们不仅自己得到锻炼，也在发言中得到交流，学到新的、不相同的方法。部分幼儿用雕刻花纹的胡萝卜、黄瓜、土豆蘸颜料画出小雪花或动物脚印等，部分幼儿则用“大刷子”粉刷白茫茫的大地，还有的幼儿用油水分离的形式画小雪人，大家画得很投入，热情尤高！

二、善用游戏，激发学生的表现欲和想象力，增强创新意识和能力

游戏能给幼儿带来学习的兴趣，能调动课堂的氛围。而创设良好活跃的氛围，能激发幼儿的创新欲望。心理学研究表明：良好的心境可以使联想活跃，思维敏捷，表达欲增强，积极的游戏活动能激发幼儿创新意识。而中班幼儿的年龄特点又是爱玩、会玩、模仿能力强。根据这一特点，多组织一些游戏活动，无疑对幼儿有极大益处。如：“花瓶”一课教学中，引导幼儿利用不同的线条及图形进行装饰花瓶。在本班教学时，由于第一次上，我尽力鼓励幼儿大胆、自由表现，可他们大多还是过多的临摹。在第二次到中二班上课时，我采用“音乐想象游戏”的方式，让幼儿伴随着音乐进行想象，

根据自己的感受用不同的线和图案进行装饰。而不是按部就班的临摹老师的范画。因为我认为画得像并不等于画得美。幼儿的思维打开了，画出来的东西也就丰富了，表现力也增强了。“我会扫地”这节课，我始终以游戏为主线让幼儿在“在玩中学，在学中乐”。先让几名幼儿模仿扫地的动作激发学生的兴趣。尔后创设一个情境游戏——我们一起到奶奶家帮着奶奶扫地，看看她是怎样扫的……最后，让幼儿在交流欣赏过程中讲述自己在谁家帮着谁扫地，根据自己画的背景进行讲述。

三、善用游戏，引入竞争机制，增强集体主义观念和团结合作精神

我们知道，如果一节课毫无生气，那这节课就是失败的，尤其是美术课。因此为了更好活跃课堂教学气氛，增加了幼儿的竞争意识，特设计比赛性游戏。幼儿与小学生不同，但他们也有争强好胜、不甘落后的心理，都有比一比的愿望，谁都唯恐落后。因此我们在做游戏时，采用对抗赛的形式，用击败对手的游戏为动机。这样每组幼儿之间就有意无意地把自己和群体视为一体，成功时失败时都有共同感受，意识到大家是相互依赖的，同时也培养了幼儿一种团队的合作精神。制作“迎春花”一课的教学中，我们分为了几个小组，开展小组竞赛，比一比“漂亮的迎春花”，哪组的迎春花开得又多又漂亮？最后，幼儿共同合作把花插到桌子中间的花瓶里，分别去每一组欣赏，相互之间比一比，看一看。学生的兴趣非常高，效果也很好。而且以后每次中午进餐时，值日生都会把漂亮的花瓶放到桌子中间，幼儿可以边吃饭边欣赏，实在是充满趣味性。

四、善用游戏，运用各种方法调动幼儿兴趣

（1）首先教师要深入挖掘教材，教师设计的游戏内容和形式要紧密配合，课堂上组织好游戏的各个环节。例如在“下雪了”一课中，我先通过让幼儿观察冬天背景图，然后通过“冬爷爷”给小朋友猜谜语的形式引出小雪花，激发幼儿的兴趣。再让幼儿大胆想象雪花还会飘到什么地方，满足幼儿想说的欲望和激发幼儿的想象力。而且我通过小儿歌的形式：“小雪花飘

呀飘，六个花瓣跳舞蹈。像把剪刀画个叉，一字中间笑哈哈。”（边唱儿歌边作画）进一步调动幼儿的兴趣，使幼儿在作画的过程中不再感到枯燥，使教学与游戏紧密结合。

（2）其次，游戏的方式要符合学生的年龄特征和心理水平。幼儿园的小朋友与小学生不一样，教师要针对不同幼儿的年龄特点进行组织不同的游戏，否则吸引不了幼儿，那游戏的意义也就不大了。如在“鸟儿满天飞”的教学中，我先是通过模仿鸟的叫声请幼儿猜猜这是什么鸟，激发幼儿的兴趣。最后请幼儿把自己扮作一只自己喜欢的小鸟，模仿它的叫声，大家一起唱歌舞蹈，使幼儿在游戏中学、在游戏中乐。

（3）教师在游戏过程学与玩有机结合，使幼儿在玩中获得知识和美感。如在“欢迎您，春姑娘”中，通过小组共同制作“迎春花”，在体验共同制作的乐趣时，提高幼儿的动手能力及相互间的合作意识。

通过这些教育实践，我发现把幼儿喜爱的游戏活动引入美术课堂教学之中，不仅增加和活跃了课堂气氛，同时还提高了幼儿的学习兴趣，激发学生的观察力、想象力、创造力，增强幼儿团结合作的精神。总之，以游戏为切入口进行教学，既符合幼儿的年龄特点，又能使静的变成动的，给幼儿带来了无限的乐趣。他们在游戏中玩，在游戏中乐，在游戏中学，在游戏中成长，在游戏中收获。我想正是在这种催化剂的作用下，幼儿选择了“学”的权利，在游戏中学得更快乐；教师实现了“教”的义务，教得更轻松。

幼儿交往能力的培养策略

李　艳

幼儿时期是社会交往开始形成的发展时期。《纲要》中指出：引导幼儿参加各种集体活动，体验与教师、同伴等共同活动的乐趣，帮助他们正确认识自己和他人，养成对他人、社会亲近，合作的态度，学习初步的人际交往技能。进入大班后，发现孩子们之间的关系出现了一些微妙的变化。孩子与孩子之间似乎不再像小班、中班那样不分彼此、亲密无间了，部分孩子在集体中有孤立，受冷落、被排斥的现象。尤其在幼儿自主活动时，表现得更为突出。林鸿宇小朋友是一个比较顽皮的孩子，具有一定的攻击性行为，平时总喜欢碰碰、打打其他的小朋友。因此，经常受到老师和同伴的批评或指责。刘云丹小朋友和唐昊天小朋友性格比较温顺，但各方面的能力相对较弱，在班中属于“默默无闻型”，没受到过过多的表扬，在班中的交际圈很小。为此培养一个热情、大方、会交往的儿童，使之成为顺应时代发展的人才，是我们每个教育工作者义不容辞的责任。那么作为教师，如何来做好幼儿社会交往的引导工作呢？

一、营造气氛，树立交往信心，让其感受到交往的乐趣

教师要以自身的愉快情绪去感染幼儿，激发幼儿交往的内在动机。所以每天我以满怀的激情与愉快的心情，热情关爱班里每一个孩子，用母亲的柔情熔化一颗颗幼儿脆弱的心。当早上幼儿来园后，孩子们滔滔不绝讲述他去公园游玩的情景；当午饭过后，孩子们在讲一个自己梦见或自己创

编的故事……我都认真地倾听，即使孩子们的话啰啰嗦嗦，没有条理；我却始终面带微笑以一副非常认真入迷的神态倾听着，并不时地为孩子加油，不时地做出丰富的表情，让孩子觉得老师在认真听他讲，非常认同他的讲述，为他的讲述喝彩，这样，幼儿会慢慢树立自己说话的自信心，会越说越棒，同时在老师和同伴讲述时，他也会像老师那样认真地倾听别人说话了。

二、言语沟通——学会交往的基础

要交流首先要开口。因此学会言语沟通是进行交往的基础。要想让幼儿开口讲、敢讲、愿意讲、喜欢讲，老师就要用儿童化的语言与幼儿交流，用积极的方式回应幼儿，用启发性、指导性、开放性的语言来引发幼儿愿意讲自己的想法，并且要寻找孩子感兴趣的话题与他们交流。

如：记得“神舟六号”上天的那天早上，有几个男孩子一跨进门就对我说：“老师，今天费俊龙和聂海胜叔叔要上天了，快打开电视机。”于是那天早上我们全班观看了实况展播，看完以后，我就小朋友的这一热点话题开展了一个主题活动“神舟六号上天啦”，要求小朋友回家后收集相关资料（图片、报纸、电视新闻）。第二天我们开展了小小的专题讨论会。从小朋友专注的眼神中可以看出他们也乐意交往，而且平时几个话不多的小朋友也跑到我跟前和我交流，收到了意想不到的效果。

三、提供机会——学习有效交往

幼儿会随着年龄的增长而不怕生，喜欢与别人交流。这同时，也有了一定的独立性、自信心，然而他们还没有摆脱以自我为中心的现象，那么怎样来有效地交往呢？

1. 在集体活动中学习有效交往

在社会活动“我快乐，我喜欢”中，我特意设计了这样一个活动，活动的名字叫“我喜欢×××”，目标是通过幼儿主动与别人交往，了解同伴并与同伴建立友好关系。活动一开始，出示心形卡片，要求幼儿把自己喜欢的好朋友画在心形卡上，然后开始交流，讲自己喜欢的人、喜欢的动物……小朋友不会没话可讲了，而且从他们阳光般的笑脸上可以看出他们很愉快。

因此在集体活动中我总会留出一定的时间让孩子们交流、讨论。这样不仅可以提高幼儿的交往能力，还能提高幼儿口语能力。

2. 在游戏中学习有效交往

游戏是幼儿进行交往、学习交往技能的最好机会，特别是角色游戏，它的价值所在是促进幼儿的“社会化”，使幼儿逐渐掌握社会行为规范的道德准则。学习正确处理人际关系而更好地适应社会，从容地走上社会。在角色游戏的扮演活动中，幼儿能以扮演起社会角色而学会摆脱以自我为中心的心理特征。因此我在我们班巧妙的设置了“街心花园”“爱心医院”“美美发屋”“迷你小超市”“尝一尝”小吃店等区域活动中。在每天40分钟的游戏时间中，小朋友扮演不同的角色，学习“娃娃”与“长辈”的交往，医生与病人的交往，营业员与顾客的交往，主人与客人的交往……从中学习掌握一定的社会行为规范，逐渐摆脱“自我中心”意识，进一步发展了幼儿的社会性。

3. 在日常生活中学习有效交往

为了让孩子学会有效交往，一方面利用一日活动各环节老师多关注，多找机会与孩子妈交往，从而来提升有效交往的效率；另一方面我在我们班的一个角落里创设了一个“聊天室”，放置了一些可爱的娃娃，多种色彩、多种形式的卡通坐垫，让孩子们一有空就到聊天室去聊天，去交流，在与好朋友的互动中提升有效的交往能力。

4. 在分享活动中学习有效交往

如今的孩子由于特殊的家庭地位以及富裕的生活环境而造成了一些“唯我独尊”的自私心理，要求他们自觉地与人合作、分享，那根本不用谈。与他人合作分享是时代的要求，是孩子日后生存和发展所必需的品质。所谓合作是指两个或两个以上的个体为了实现共同目标而自愿地结合在一起，通过相互之间的配合和协调而实现共同目标，最终个人利益也获得满足的一种社会交往活动。而分享包含的内容是多方面的，不仅指能与人共享物质与精神方面的快乐，也指与人分担忧愁。分享不是一种失去，而是一种互利。合作与分享之间存在着相辅相成的关系。光有合作没有分享，会导致孩子养成独享的不良习惯；光有分享没有合作，会使孩子养成坐享其成的不良品行。不利于孩子社会性发展，不利于建立孩子日后生存和发展所必需的品质。因此，在《纲要》社会交往领域中提出了乐意与人交往，学习互助，合作和分享，有同情心的教育目标。如：在结构游戏、角色游戏中常发生因喜爱同一种玩具而发生的争执现象，分析原因后，我们引导孩子同伴之间必须共同商量、友好合作、互相配合，这样才能使游戏顺利进行下去，分享共同游戏的快乐。又如：带孩子到户外散步时，看见蚂蚁运粮食，孩子们会蹲在一边饶有趣味地看着。抓住这一机会，就引导孩子讨论：为什么要有这么多的蚂蚁来搬这块粮食呢？把食物搬进洞后，蚂蚁们又会做什么事呢？于是，我们抓住这个契机，给孩子们玩合作搬玩具、搬大积木等游戏，使他们在游戏过程中知道了团结起来力量大的道理……同时在教育教学这一环节中，我们把分享目标划分成：物质分享和精神分享，又把精神分享划分成分享快乐与共担忧愁。根据孩子的年龄特点以孩子的兴趣为出发点，如：在物质分享方面，我们开展了一系列的主题活动"好吃的糖果""做月饼""我最喜欢的图书、汽车"等，让孩子从家里带一些自己喜欢的零食及图书玩具来园，通过合作制作、共同分享，让孩子们懂得"我把好东西分给你，你快乐，我也快乐"的道理，在精神分享方面，则通过故事"苹果树""忧伤鸟"等，意在让孩子们知道分担别人忧愁，帮助别人解决困难原来也是件快乐的事，这样的实践活动，既激发幼儿学习的兴趣，更让幼儿真正地体验到了合作与分享的愉悦。从而潜移默化中学习了有效的交往方法，同时也体验到了交往的乐趣。

四、丰富经验，学会交往技能

幼儿在交往的时候总会遇到困难与问题。如果孩子缺乏一定的生活经验，遇到困难时不知如何下手，不会解决问题，那么就会产生不敢交往或者害怕发生争执的现象，所以我们老师平时要注意丰富孩子的生活经验，培养孩子解决问题的能力，可以利用故事形式、情景表演、移情训练来丰富幼儿的生活经验，必要时我们要交给幼儿一些交往的策略。

1. 教会幼儿在交往中如何友好协商的技能

"请给我玩玩好吗？""我能看一下吗？"让幼儿学习与同伴友好协商。

我们规定每周让幼儿自带心爱的玩具上幼儿园，让幼儿讨论“怎样和同伴合作玩”“别人想玩你的玩具时该怎么办”“你拿到同伴的玩具时该怎么说”“你想玩别人的玩具时该怎么说”等话题，让幼儿说说自己的想法，从而明白与人相处的方法，要爱护玩具、不能强夺、捣乱等。在活动后，我们让幼儿讲讲“你最喜欢谁的玩具”“你和小伙伴是怎样玩的”“你把自己的玩具让给谁了”等，让幼儿交流各种交往方法，体验交往的乐趣。

2. 道歉的技能

“对不起，是我不小心。”几乎所有的孩子都会道歉，在教育有错误的孩子时，我往往会让幼儿采用这样的方式，首先让他知道要向对方道歉，在这过程中采取三种方法：

（1）去抱抱对方小朋友。

（2）说一句“你原谅我吗”。

（3）说一声“我不再这样做了”。

让孩子懂得和学会真诚的道歉，用美的语言传达相互的对不起。

3. 轮流的技能

“你先玩，玩完了再给我玩好吗？”要培养幼儿自己解决问题、处理矛盾的能力。在日常生活和游戏中，我利用各种方法、故事、儿歌、情境表演或在幼儿发生矛盾时通过具体事件生动形象地向他们讲明：“什么是友爱互助，什么是分享合作，什么叫谦让。”针对孩子在交往中可能出现的矛盾，向孩子提出一些问题。如：只有一个玩具，两个朋友都想玩，怎么办？引导幼儿归纳总结出解决矛盾的方法，如“两个人轮流玩”或者“两人一起玩”等。如一次体育活动“扭扭乐”，有意为幼儿提供了幼儿人数一半都不到的扭扭车，发给了他们。另一半幼儿想玩的话，就必须要跟其他小朋友商量，如“让我玩一玩，好吗？”“我跟你一起玩，好吗？”等。通过观察，我们发现大部分幼儿会用商量的方式。他们有的一起玩，一前一后；有的一个骑，一个推；还有的轮流玩，我好了给你玩，也有的结伴一起比赛，而更多的幼儿当起了啦啦队。孩子们从中体会到了交往的快乐、交换的快乐、合作的快乐。

4. 加入活动的技能

“我可以一起玩吗？”教师加入幼儿的活动中，也是教给幼儿交往技能的良好途径。教师加入到幼儿的活动中，可以暗示某些小朋友看看老师有什么好主意、好办法，是怎么和小伙伴说的、做的。比如明明很想加入佳佳他们的游戏，但不知怎么加入，就呆呆地站在一旁，我告诉明明：“我们一起和他们玩，咱们可以想出更新鲜的玩法。”冉冉点点头，“那好，你看看我是怎么跟大家说的。”要注意和小朋友商量，我带着明明参加到游戏中，在我的带动下，小朋友们愉快地接纳了我们，开始新的一轮游戏。明明也学会了如何征求他人意见，如何让别人接纳自己。幼儿有了一定的交往经验和一定的解决问题的能力，就可以在交往活动中得到进一步的发展。

五、走出自我——扩大交往范围

由于家庭结构的日趋缩小，同时居住的环境也越趋向于封闭的影响，使得幼儿社会交往的发展受到一定的阻碍，让幼儿走向社会，引导家长放心让孩子走出家门，在小区内游戏活动中体验交往的乐趣，学会合作，增强社会交往的经验。如我们开展的庆“三八”活动、参观农贸市场、小区等，从与真正社会人的交往中提高幼儿的社会交往活动。

《指南》指出：“幼儿的社会性培养需要家、园、社会保持一致、密切配合。”幼儿的社会交往能力共同为幼儿创设各种交往的机会，耐心的指导，重视家园同步教育。幼儿的社会交往能力对于幼儿一生的发展都是非常重要的，它的培养也不是一朝一夕能做到的，需要我们这些幼教工作者做有心人，利用各种不同的手段，坚持不懈地对幼儿进行培养，幼儿的社会交往能力才会不断的增强。

搭建区的争执

刘安琪

区角活动开始了，搭建区的孩子们一起商量了一番，最后准备搭建一个沿海城堡。森弟带领几个男孩开始准备搭建了，一开始，他们一起合作，搭建出了两层楼，可是在这时，他们之间出现了分歧，凯凯说："我觉得旁边可以再搭建一个城堡，然后让两个城堡连接起来。"森弟却说："不！这个城堡太矮了，我要把它搭得再高一点！"讨论之后，还是没有达成一致。于是各搭各的，谁也不理谁。

中班幼儿已经有了合作意识，但较为薄弱。活动开始时，能在一起协商初步的搭建方法。但是在搭建过程中，自己往往会有新的灵感，导致最后的想法不一致。另外，他们在与同伴交往上又缺少一些方法，也不懂得尊重别人的意愿。森弟在搭建方面能力较强，喜欢同伴按照自己的意愿去做，所以会在出现非分歧后，互不理睬，各搭各的。

对于这种情况，我采取了以下策略：

一、幼儿自我评价，给予幼儿表达的机会

教师应为幼儿创设宽松、平等的语言表达环境，提供足够的时间与机会，让幼儿把自己游戏的过程体验、想法和做法讲出来。当孩子们完成了搭建后，我请搭建区幼儿介绍自己的搭建过程和方法，让幼儿充分表达。

二、同伴交流分享，继续激发幼儿搭建的兴趣

请同伴自由讲述自己的想法，通过孩子们的集思广益，为搭建区幼儿

继续创造灵感，便于下一次的继续搭建。

三、故事引导，萌发幼儿的合作意识

同伴间的相互接纳是成功合作的保证，但在共同游戏时，各有各的想法，当彼此间发生争执时，要想使游戏能够继续下去，他们必须做出让步，并且协商解决争执，因为他们之间没有绝对的权威。针对幼儿出现的合作意识薄弱的现象，在活动之后，选择了故事《小蚂蚁过河》进行引导，让幼儿通过故事知道：只有团结合作、动脑筋，才能解决问题，从而激发幼儿乐于与他人合作的意识。

四、教师的评价、支持，推进幼儿的活动发展

教师作为幼儿游戏的引导者、合作者、支持者，适时地介入游戏可提高幼儿自发游戏的质量。活动后，我引导幼儿反思自己的表现，并和孩子们一同想出了一个办法：画设计图纸。要想顺利完成搭建，不仅需要同伴间的相互协作，更需要参照物。当幼儿确定好搭建主题后，首先请孩子们一起设计搭建的图纸，有了图纸，幼儿能够借助图纸，完成搭建，这样既妥善解决冲突，又促进了同伴关系的发展。

在以后的建构活动中，我们会继续给予幼儿更大、更多的自由活动的空间和时间，让幼儿大胆自主地想象和操作，积极参与到幼儿的活动中，对每位孩子给予正确的评价，促使幼儿的身心得到更和谐、健康的发展。

家庭中的“活动区角”

——走进家庭，指导家长如何为孩子创设活动区角

夏建萍

人的教育其实就是环境的教育，在幼儿的社会化过程中，无时无刻不在影响着幼儿的发展。因此，我们在早教活动中，特别重视环境的创设与优化。创设了孩子喜欢的各种区角，有利于促进孩子的发展，但是在与孩子互动过程中，我发现孩子的独占心理，“霸占”行为很强，所有自己喜欢的玩具，不让别人玩，不顺着就放声大哭，这时家长们总是先安抚孩子不要哭，又把玩具拿回来或跟同伴说：“给小弟弟玩一会吧！”这样孩子看在眼里记在心里，养成了所有的玩具都应该自己玩，别人的玩具只要想玩就可以用哭的方式来得到满足。

经过与家长们的交流沟通后，得知孩子们很喜欢来早教中心与同伴玩，在老师的引导下也能自由、快乐有序的游戏，而且较好地遵守区角的规则，能自己整理玩具。但是家长们普遍反映孩子在家中和幼儿园的表现是“一个宝宝两个样”：玩具、图书等物品到处都是，家长成了孩子玩具的“整理机器”。针对这一现状我们因势利导，指导家长在家庭中创设适宜的活动区角，家园合力促使孩子的自理能力、语言表达能力、动手操作能力、创新意识等能力得到锻炼、提高，促进良好行为习惯的养成。

区角活动是教师以幼儿感兴趣的活动材料和活动类型为依据，将活动室的空间相对划分为不同的区域，让幼儿自由选择，自由探索，操作摆弄的

自主活动，是幼儿个别化、自主化的活动方式。

一、指导家长转变教育观念创设活动区角

幼儿在家庭中所受的教育来自与他(她)接触密切的成人，成人的思想观念直接影响孩子的发展。我们通过问卷调查了解到，对于在早教中心创设活动区角，有的家长认为只是为了方便孩子活动的一种形式；对于提倡在家庭中创设活动区角，家长们的看法不一，有的表示赞成，有的表示反对，有的抱着观望的态度。

通过召开咨询交流会，我们了解到：有的家长认为在早教中心里通过教师所创设的活动区角，已经能满足孩子玩的需求，在家庭中不必再创设活动区角了；有的家长则顾虑如果在家庭中创设活动区角，自己缺乏正确的引导方式，对孩子的发展不利，有悖初衷。

针对家长们认识上的差异，我们采用了让孩子自由玩不提醒和在老师引导下主动收拾玩具的对比方法，让家长们来现场讨论、集思广益共同探讨，帮助家长真正认识到在家庭中创设活动区角的目的和意义。

其次为家长提供一些指导创设活动区角的书籍，使家长对创设家庭活动区角有了理性的认识。然后指导家长针对各自孩子的情况，有的放矢的制定出在家庭区角活动中的一些规则，从而培养孩子良好的行为习惯，保证活动顺利地进行，促进孩子身心全面健康和谐的发展。

二、指导家长因人而异的创设活动区角

孩子们的发展情况各不相同，有的孩子活泼好动，有的孩子胆小、不爱讲话，不愿在他人面前表现自己。针对孩子不同的表现，教师走进家庭中与家长一起分析孩子的个性和优缺点，讨论、研究有针对性的创设适宜的家庭活动区角。帮助家长学会与孩子建立平等的伙伴关系，用欣赏的眼光看待孩子的一切活动，促进孩子各方面能力得到发展。例如：我班腾腾小朋友，她的性格有些内向，不愿与人交往，胆子小，但是她很喜欢绘画，因此，我们建议她的家长为她设置一个“快乐宝宝画室”。并建议家长在陪孩子游戏时进行角色互换，请孩子做画室的老师，教家长画画、做手工。经过一

段时间的锻炼，腾腾性格也变得开朗了，好朋友也渐渐的多了起来，孩子的自信心渐渐地增强了，并敢于在集体面前大胆的表现自己了。对于特别好动、喜欢敲敲打打、注意力不集中，但是愿意帮助他人的孩子，通过指导家长创设的活动区角，帮助孩子养成好的倾听习惯，懂得爱护玩具，使孩子更具有爱心。例如：彬彬小朋友，在平时的活动中坐不住，不爱护物品，常规意识差。我们就建议家长在家庭中设置一个“玩具医院”。在活动中请孩子做医生来为玩具“看病”，家长提出不同的请求帮助，时间由短逐渐的延长。由此帮助孩子逐步的养成了倾听习惯，做事也专注了，懂得爱护玩具了，规则意识增强了。

三、指导家长因地制宜地创设活动区角

每个家庭居住的条件不同，有的比较宽敞，有的一家三代住在一起，孩子的活动空间小。在创设家庭活动区角前，我们走进家庭先与家长一起分析自己家庭居住的特点，然后再进行不同的创意设计，以便于孩子参与活动作为出发点，使孩子在家庭活动中有充分的自主性和活动空间。例如：好好小朋友居住在底楼，我们建议家长和孩子一起利用院子里的空地进行一些种植、养殖的活动，让孩子在家庭区角活动中进一步充分的观察、感知大自然的变化，培养探索的兴趣和热爱大自然的情感，同时鼓励孩子将自己观察到的现象主动与同伴交流。通过同伴间的“传、帮、带”，孩子们开阔了视野，增长了知识。而对于一些居住在高层楼房或者空间较小的家庭，在设置区角时教师与家长研究本着“一区多用”的原则，结合孩子的自身发展情况设置区角，使孩子各方面的潜能得以开发和提高。例如：在设置语言区时，在为孩子准备图书的同时，可以添加剪刀、废旧图书、胶水、彩笔等让孩子在看、讲的基础上自己动手制作故事图片或者自制图书等，培养孩子的创新意识和动手能力。

四、指导家长与孩子共同选择玩具

根据孩子的年龄特点建议家长把家里的玩具进行分类，有些不适合的玩具收起来或减少一些。让孩子在游戏中根据自己游戏的需要进行创造性

地使用一些玩具材料。在提供游戏材料时一定要保证材料的无毒、无害。指导家长与孩子一起通过现有的半成品及废品的利用来自制玩具，在共同的制作中，使孩子感受到玩具的来之不易，学会珍惜玩具，初步培养孩子节俭的好习惯，同时锻炼孩子的动手、动脑的能力，达到多种的教育实效。例如：佳佳小朋友在家里创设娃娃家时，家长与教师鼓励孩子观察、比较早教中心里娃娃家的布局与现实生活中家庭的布局，启发孩子思考：我要与家长做什么？怎样做？然后在教师的指导下，家长与孩子一起利用冰箱包装盒子通过剪、粘贴等方法制作出冰箱、桌子；利用废布条制作包子、饺子等丰富的材料。同时在游戏中鼓励孩子模仿妈妈做饭、整理家务等事情，让孩子在玩中学会做饭的本领，学会怎样"进入角色"，提高孩子的模仿能力、自理能力，同时感受到共同游戏的乐趣和成长的快乐，增强自信心。

经过两个月的实践证明，宝宝们在家里最喜欢玩的就是进区角活动，没有家长的陪伴，孩子们也能主动去探索学习了，收拾玩具的自理能力也比以前有所提高。家长们在观察孩子的学习过程中，对自己的教育观念也有很大改变。

经过我们不懈的努力，教师走进家庭，指导家长在家庭中创设活动区角起到其他活动不可替代的作用，我们将继续进一步形成家园合力，让宝宝从小养成良好的习惯，共育祖国的未来。

浅谈幼儿一日活动中的随机教育

黄丽荣

众所周知随机教育在幼儿园教育活动中具有特殊的意义。幼儿的年龄较小，容易被发生的兴趣所吸引，这时教师抓住契机进行教育活动，此时幼儿的情绪愉快，态度积极，容易接受教育的内容，所以在多年的教育实践中，因为有了这种随机教育的机会，才使教育活动常常出现亮点。

所谓随机教育，就是指教师计划之外的随客观的提供的教育情景而临时组织进行的教育。幼儿在一日生活活动中为我们提供了很多教育契机，老师如果能够抓住契机对幼儿进行教育，往往会有事半功倍“无心栽柳柳成荫”的效果。教师一旦抓住对幼儿随机教育的最佳时机，那么所发挥的教育作用却是无法估量的，在多年的教育工作实践中，也有一些粗浅的体会：

一、利用环境进行随机教育，促进幼儿的观察力

在教育活动中，老师要抓住偶然发现的机会，注意随机的引导，就能大大地促进了幼儿观察能力的发展，例如，一次我组织小朋友到后园去进行晨间活动，这时飞来一群鸽子，小朋友看见了有的叫、有的跳、有的用手指划着，这时候小朋友一下子就乱起来了，我叫这个也不听，叫那个也不管用，此时我灵机一动，赶忙说：“请你们看看鸽子是怎么飞的？”这时小朋友赶快伸出双臂学起鸽子飞的动作来，接着我又说：“你们再想一想还有什么在天上飞的呢？”这时有的小朋友急忙地说：“小鸟、麻雀、还有大雁呢？”我

说:“小朋友说得很好,那你们再想想,它们飞行的时候队列是一样的吗?它们有哪些不一样的地方呢?”这时刘俊良小朋友说:“黄老师,鸽子飞的时候不排队,它们随便的乱飞,大雁飞的时候要排队。”还有的小朋友说:“大雁到天气冷的时候还要飞到南方去呢?鸽子不去。”还有的小朋友说:“大雁在飞行的时候还要变换队形呢?”当我听到小朋友的回答声,急忙地说:“今天小朋友说真好,那我们以后排队的时候要向大雁学习,把我们的队伍排的整整齐齐的好吗?”小朋友高兴得拍手大声说:“我们要向大雁一样把队伍排得好好的。”在一日的生活活动中这样的随机教育的活动也是很多的。今年我们幼儿园老师上班的时候要求都穿上园服,一次我组织小朋友在操场上玩大型的活动玩具,突然杨子萱小朋友跑过来伏在我的耳边,好像发现了什么新大陆似的,悄悄地说:“黄老师,今天我发现幼儿园里的老师穿的衣服、裤子都是一样的,不信你看呀?”望着她那神气天真的样子,真是可爱极了。这时我灵机一动,这不是正是孩子们用自己的眼睛观察周围的事物吗?于是回到活动室,我开展了随机的教育活动说:“今天杨子萱小朋友的眼睛很灵光,发现了我们幼儿园里的老师穿的衣服都是一样的,那么你们说说老师衣服是什么颜色的?裤子是什么颜色的呢?请小朋友说出还有哪些颜色和它们相同?”这时候小朋友在下面像小鸟一样的叽叽喳喳的开始说话了,有的说像红旗、国旗、红花、太阳等,蓝的有天上的云、还有蓝色的花朵等。另外还可以让幼儿用英语把说出来的词表达出来。在平时的教育活动中老师只要抓住幼儿活动中随机环境,并能正确的引导幼儿观察周围的事物现象,就能激发幼儿的观察事物的兴趣,同时养成善于观察事物的良好的行为习惯,从而使幼儿的观察能力有了进一步的提高。

二、抓住教学活动中的随机,提高幼儿的学习兴趣,培养幼儿克服困难的精神

教学活动,是教师有目的、有计划对幼儿所进行的集体教学活动。幼儿在这一活动中能够学习到知识、发展幼儿的智力,它是幼儿园在实施教育活动中的一个比较规范的教育环节。但是老师有时候在组织教学的活动中会发生一些“意外”的变换。有时候小朋友也提出新的发现和新的问题,这时候老师一定要冷静，由被动变为主动，可以开展一些随机的教育活动，从而培养幼儿良好的学习行为习惯。如：我们的幼儿园为小朋友开设了一个比较大的动物饲养园，在饲养园里有小朋友喜欢的兔子、小鸡等小动物。一次我组织小朋友进行美术活动折纸“小鱼”，小朋友学得非常的认真，大家都在聚精会神的动手操作，这时胆子较大的刘浩原小朋友说：“黄老师，小鱼我会折了，动物园里的孔雀能不能折呀？”这时候我惊奇地望着他，心里想你这孩子也真是的，叫你折小鱼，你怎么想那么多呢？但是冷静的一想，孩子的愿望不能打击，于是我笑眯眯地说：“可以呀，你是不是很喜欢孔雀。”他点点头。我说：“好。一会黄老师来告诉你孔雀的折法。”这时候他高兴地说：“老师要教我折孔雀呢！”这下小朋友一下激动的叫起来，看见了小朋友一张张笑眯眯的小脸蛋，我还说什么呢？于是我赶快准备折纸的材料，这时候小朋友高兴地拍起手来！还有一次，我带小朋友到消防队去参观，出发前天气很好，可走到一半的路上时，乌云满天，眼看就要下雨，这时候我们正是进退两难，小朋友的眼睛看着天空，嘴里念到“下雨啦！”这时我立即抓住这个机会对孩子进行“不怕困难，坚持就是胜利”的教育活动，于是一边走，一边向小朋友进行提问，“你们看过解放军练兵训练的电视吗？”有的小朋友说，看见过，这时小朋友开始说：“我看见解放军叔叔在训练的时候可勇敢呢，前面有水他们也要爬过去。”有的说，解放军叔叔在救火的时候一点也不害怕，用梯子把楼上的人给救下来。还有的说，解放军叔叔很勇敢，他们在打仗的时候把血都打出来了呢，可是还是举着枪打坏蛋。听见孩子的话语，我心里真是高兴极了，就在小朋友你一言我一语的时候，我们到达了目的地，当我们到达消防队时，那里的消防员叔叔笑着对我们说：“我们以为你们不来呢？”这时候有几个小朋友激动说：“我们都是解放军，我们向解放军叔叔学习，不怕困难，不怕下雨，所以我们就走得快，很快就到了！”我听完小朋友的话语，笑着对小朋友说：“你们真是一个个小解放军的战士。”通过这样的随机教育活动，大大地激发了小朋友对学习知识的渴望，从而使小朋友增强了学习的主动性及积极性，同时又培养了小朋友克服困难的勇敢精神。

三、利用区角游戏活动加强幼儿的随机教育，培养幼儿良好的游戏行为习惯

游戏是幼儿的天性，在幼儿园孩子的每一项活动都离不开游戏，尤其是区角游戏中的角色游戏，因为小朋友在游戏中能够随心所欲进行自己的各项表演活动，能够在游戏中表现自己的才华，又可以和小朋友进行一些交谈交往，所以在游戏活动中老师也不能放过随机教育的机会，特别是孩子的行为习惯的培养是老师不可忽视的重要环节。由于孩子在游戏活动中自由度，空间范围都比较自由，所以对小朋友的教育也就显得比较重要了。

一次我在组织小朋友进行麦当劳的角色游戏中，由于小朋友都很喜欢麦当劳的游戏区，当老师一说小朋友你们去游戏活动吧，这时候小朋友都去了，不小心把麦当劳的桌子上的物品给打翻了，桌子上东西摔在地上，有的玩具还给摔坏了，这时候有的小朋友起哄的上来捡玩具，此时活动室里像炸了锅的小蚂蚁一样乱套了，面对这种场面我很冷静，轻轻地走过去并对小朋友说："你们看看这些玩具都要哭了，怎么办呀？我们在麦当劳里做游戏怎样才能使这些玩具不掉在地上，玩具不被摔坏呢？"这时小朋友说："以后我们在麦当劳里游戏时不要拥挤，应该事先把角色分好。"有的说："我们小朋友都喜欢这个游戏，但是大家都去的话，游戏区就会很挤，小朋友就会不小心的把玩具摔坏的……"这时候小朋友悄悄地把掉在地上的玩具拣起来，刚才挤别人的小朋友不好意思地走过来告诉我说"黄老师，我错了"。这时我悄悄地告诉他们，老师和小朋友都原谅你，希望你在以后的活动中注意游戏规则就可以了，通过这次的随机教育活动后，我们班里的小朋友在区角游戏活动中有了明显的进步，他们在游戏活动中学会了相互之间的谦让，学会了合理的分配角色等，还使我体会到幼儿教师在组织小朋友的各项活动中只要做个有心人，善于捕捉教育契机，引导适当，久而久之，幼儿的良好的行为习惯就一定会养成。

总之，我们在一日活动中要重视随机教育，主要是为了更好的发展幼儿能力的培养，随机教育在活动中有着它的情节性、趣味性、随机性。只要我们老师善于捕捉，善于引导，对培养幼儿的学习兴趣、幼儿观察能力、探

索欲望等各方面都起着一定的促进作用，是我们每个教师不可忽视的一个重要的教育环节。

要搞好随机教育，老师首先要有一颗热爱孩子的心，在搞好随机教育的同时也是对老师的教育艺术能力的培养和提高，要善于捕捉细微的变化，一件细小的事情，就能使幼儿起到潜移默化的变化。因此我们在教育活动中必须重视和抓住随机教育，使幼教改革的明天更加辉煌灿烂。

巧妙运用美术教具，为孩子插上想象的翅膀

宿玉茜

美术是幼儿表达认识和情感的一种特殊语言方式，孩子通过绘画、泥工等各种不同的美术方式，形象地表达自己对世界的认识、情感及体验。然而在目前的美术活动中，我们一般只重视幼儿的表现技能，评价的标准是看幼儿画得像不像。美术教具成为幼儿模仿的范例，幼儿在绘画时努力按照老师的要求，模仿老师的绘画，抑制了幼儿的自我表现。由此可见，美术教具设计的巧妙与否，对指导幼儿参与美术活动的创造性有举足轻重的意义。美术教具创造性设计也直接体现了教师对教材内容的理解及教师的美术素养、教育能力；同时，为了支持幼儿美术学习需要，为孩子插上想象的翅膀，还需要教师运用"趣""美""术"的策略来实现"范例"的价值。

在美术活动中，我尝试运用"趣""美""术"美术教具设计策略调动幼儿的积极性，吸引他们主动参与活动。

一、趣

（一）融合游戏情境，引发幼儿兴趣

老师出示范例时，要融合游戏情境，将活动难点融入到游戏中，这种方式比较符合孩子的天性，让孩子在做中玩，玩中学，从而为孩子创造一个宽松、自由的氛围。

线画，是用线条描写而成的绘画，也是幼儿最简单、最直接表达自己情感的一种绘画语言。在画面上，线可以随着幼儿的性格特点、思想感情产生

或刚或柔、或动或静的效果。线画对幼儿的创造性发展有极大的促进作用，线条运用的越丰富，说明他们的想象力越丰富，创造性思维发展得越好。但是线条是没有生命的，对幼儿来说是难以理解的。如何让幼儿对线条产生兴趣并掌握线条的画法呢？对于幼儿来说，直观的、体验的、游戏的等活动最有时效，如果能将线条的基本技能示范融入到游戏的范例提供之中，一定能为幼儿今后大胆创作奠定良好的基础。

在线条画《好吃的月饼》中，我采取“迷雾森林”游戏方法出示范例，利用路线图的方式复习幼儿学过线型，在范例设计时将各种线型用线路图进行串联，帮助幼儿联想巩固已有经验。在范例中运用游戏情境，把幼儿带到一个森林舞会中去，并结合线型特点命名，如：穿过蜗牛小岛、爬过小山坡、越过小河流、踩着石头路、来到森林中秋晚会。在这种有趣的情境中，孩子体验到了线条绘画的乐趣，渐渐地对线条画产生了兴趣。

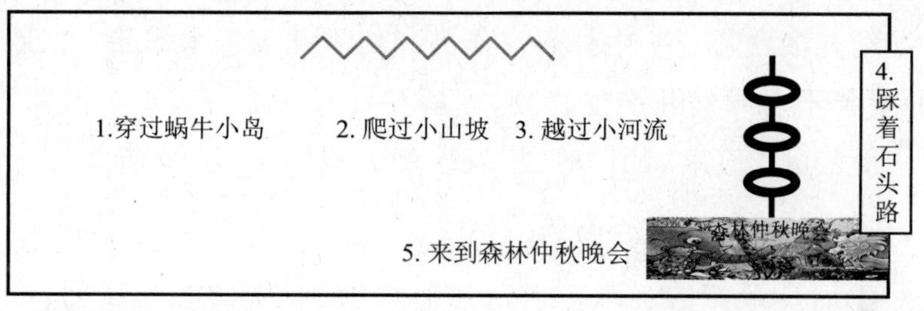

通过线条画活动我明白，对于任何幼儿难以掌握的活动，只要恰当使用范例赋予游戏情境，幼儿将会感觉到快乐，真正达到在玩中学、做中学。

（二）以互动为起点，放飞幼儿想象

在以往活动中，幼儿常常出现对于范例欣赏观察不细心，这样就会出现教师“细心”引导幼儿一步步绘画。出现这种现象主要是因为在范例提供上不能与幼儿产生共鸣互动。因此美术游戏的材料一定要有“趣”，以引发孩子与材料的互动为起点，满足孩子的主动探索和学习。

在想象画《天上有什么》《遨游太空》活动中，我运用动态的范例提供，巧妙地将绘画重点仰面背面人渗透在活动中，并且运用现场绘画展示的方式与教师默认图片结合，起到示范的效果同时又引发幼儿的想象，让幼儿大胆创想，与美术范例之间产生互动。

二、美

《纲要》中指出:“引导幼儿接触周围环境和生活中美好的人、事、物,丰富他们的感性经验和审美情趣,激发他们表现美、创造美的情趣。”美术游戏的材料一定要有“美”,能给孩子关于视觉艺术美的体验和感受。

(一)营造美的氛围,给幼儿多种美的熏陶

幼儿天性爱美,他们正处于创造和发展的时期,需要教育者为他们打开创造的大门。从这一特点出发,在美术活动中营造一个宽松的、美的氛围,范例要让幼儿充分享受美的熏陶。运用符合幼儿年龄特征的方法引导幼儿积极参与美术活动,使他们感受到生活的快乐,以自己的方式,带着自己的特点,表现自己对美的独特体验和理解,创造出新的形象、新的想法。让幼儿在丰富的情感体验中进行自由的想象和创造,并使心灵得到陶冶,以促进健全人格的形成。

引导幼儿多欣赏一些中外名家作品和优秀儿童美术作品。在欣赏过程中,教师要善于引导幼儿产生感受、理解和发现作品的表现手法和含义,使他们在获得艺术“营养”的同时,激发他们大胆地表现与创新。

(二)以自然生活展示美感

自然生活是最好的美术范例,借助幼儿已有生活经验编创一个情节,使内容更加具体形象化。生活贴近幼儿,将幼儿熟悉了解的生活知识融入到美术活动中去,容易引起幼儿的兴趣。

在画秋天时,我先请家长带幼儿到公园、到大自然中寻找秋天,让幼儿亲身感受秋天。在活动中,我先请幼儿回忆秋天的景色,再利用多媒体将孩子“带到”公园,一起去“秋游”。我说:“秋天来了,我们一起去公园玩吧!”“一路上”孩子们纷纷表达对秋天的感受,最终的创作也是有情节、有内容的,比空想出来的秋天景色更生动有趣。

(三)作品展示的美感

作品展示环节是为艺术画上圆满的句号,教师在作品展示环节也要体现艺术展示的美感,让幼儿漫步于艺术画廊中欣赏自己与同伴的作品。在

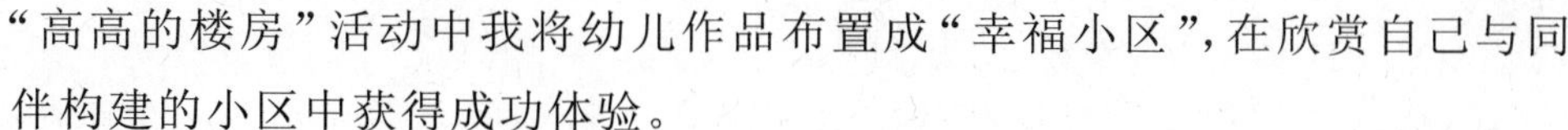

“高高的楼房”活动中我将幼儿作品布置成“幸福小区”，在欣赏自己与同伴构建的小区中获得成功体验。

三、术

美术游戏的材料一定要能引发孩子学习“术”的热情，要有表现方法、技能的认识、学习和提高，以用来为孩子今后的游戏活动服务。在多样化美术活动实践中，教师把握的“度”是非常重要的，根据幼儿的发展需要，给予表现方式和技能技巧的指导，引导幼儿发挥最大的潜力，使幼儿较为确切地运用图式符号表达自己的认识，充分展现自己的个性。《纲要》反复指出“艺术是幼儿表达自己的认识和情感的重要方式”，而美术活动的创设则让幼儿在宽松、愉快的环境中尽情发挥创造性思维，发掘他们的创造潜能。在美术活动中根据幼儿的年龄特点，结合主题内容向幼儿传授一些粗浅的美术知识，同时与各领域有机整合，促进幼儿各种能力在原有水平上有所提高。在剪纸活动范例提供上，与以往步骤图不同，我引入了“小问号”“创想云”——小问号就是针对有难度的折法提出问题：“谁能来帮帮我？”“我能来帮帮你吗？”在依照范例尝试后，让幼儿提出自己的困难，并请能力强的幼儿进行演示，同伴之间相互说明。“创想云”就是提高难度发展幼儿的创造力，“你能创造出与众不同的我吗？”让幼儿进行大胆创造，设计创造出与众不同的剪纸作品。

爱因斯坦认为：“想象力比知识更重要，因知识是有限的，而想象概括着世界上的一切，推动着进步，并且是知识进化的源泉。”幼儿有着丰富的想象力、创造力，教师应充分认识、理解童心，从儿童的角度去欣赏，注意发现画面上每一根线条、图形、色彩所能传达的思想和情感，赞赏幼儿点点滴滴的创造，提供机会与他们分享、交流，了解孩子，善于观察，让他们在有趣的艺术活动中张开想象的翅膀，快乐健康地成长。

巧设“一一二式”教学策略提升幼儿绘画创造力

姜　珊

我国教育家陈鹤琴曾经指出:“绘画对儿童具有强烈的吸引力,是儿童生来就喜欢的,我们可以利用这一心理直接去满足他们的欲望,间接的去丰富它们的知识,培养他们的性情,并使它们具有良好的行为习惯。”《纲要》中也明确提出:“在幼儿观察事物的形状、颜色、结构等基础上,培养他们用绘画和手工(泥工、纸工、自制玩具等)充分表现自己对周围生活的认识和情感。初步培养幼儿对美术的兴趣以及对大自然、社会生活、美术作品中美的欣赏力。发展幼儿的观察力、想象力、创造力、发展手部肌肉动作的协调性、灵活性,初步掌握使用美术工具及材料的技能。由此可见,教师在平日对幼儿进行美术教育时应注重利用多种形式,让幼儿在提高绘画水平的同时创造力也能得到较好的发展。

一、正确认识幼儿创造力培养的本质是实施美术教育的关键和前提

首先,发展幼儿在美术活动中的创造性是美术教育的目标之一,这一点现已成为人们的共识,然而认识的转变不等于实际工作的转变,有时表面上的谈论还会掩盖深层的缺陷。长期以来我们是怎样指导幼儿美术活动的呢?事实上是以灌输为主、以临摹写生居多,幼儿只能被动、机械地再现,很少有自由发挥的余地。久而久之,表面上看幼儿漂亮的作品似乎不少,但真正能绘画出有自己灵魂的作品不多,不少幼儿离开了样本就寸步

难行，究其原因就在于教师没有在美术教学中给幼儿很好的指引，致使模仿的成分越来越多，幼儿自己创造出来的东西少之又少，要改变这种现象，作为教育者的我们首先要改变。

其次，我们如何做才能培养幼儿成为一个具有创造力的人呢？作为教育者的我们又具体应该从哪几方面来实施平日对幼儿的培养？我认为，教师首先要做到心中时刻有目标，才能去进一步指导我们的孩子。其实，不论是观察力、审美力、想象力还是创造力都需要在平日的美术教育中来循序渐进的培养且这些能力的发展可以说是一个整体的共同发展，只有具备综合能力的幼儿才能创造出独一无二的作品。下面是我在美术教育实践中归纳的四点具体培养内容：

（1）发展幼儿具有敏锐的观察力和审美能力。

（2）培养幼儿对美的兴趣。

（3）创造条件发展幼儿的智力。

（4）教会幼儿掌握简单的美术知识和技能。

这就要求教师们在平日的每一节美术教育活动中都要对幼儿实施多个方面的能力培养，重在积累的过程。

最后，作为教育者在实施美术教育的过程中还需要掌握和运用一些科学的方法，用专业的知识来引领幼儿能力的发展和提高，我将自己在美术教学中总结的有助于幼儿创造力发展的方法进行了以下整理和归纳逐步梳理出“一一二式”教学策略。

二、什么是“一一二式”教学策略

“一一二式”教学策略，即一次观察分析，培养幼儿在细致的观察中学会主动去发现；一个创意联想，借助一些图片、场景图以及教师语言或动作上的提示来进行联想创造；两个释放点，形象比喻释放、情境激励释放。

三、“一一二式”教学策略介绍

1. 观察分析——是创造力发展的基础

换言之，这也是在美术活动中最常用的一种方法，它可以让孩子们形成良好的观察能力，从而发现事物之间的联系和不同，这种能力是一切美术创造的基础。

美术：水墨画《国宝熊猫》

体现的创造性发挥：观看熊猫图片及视频积累经验，幼儿在掌握用毛笔、墨汁作画熊猫的基础上，不拘于作画形式，发挥想象丰富画面情节，为自己的作品创编故事。

实施效果：幼儿非常喜爱这种作画方式，很多幼儿都添画了自己的画面，有几只熊猫一起玩耍的、有熊猫妈妈在给小宝宝讲故事的、有边吃竹子边打滚的、还有自己和家人去给熊猫喂食的……从中还体现出了动物与动物、人与动物之间的和谐。

2. 创意联想——是培养想象力发展的好方法

这个方法与情境激励法是最匹配的，可以两者一起承前启后的使用，例如：绘画大熊猫时我出示了熊猫几个不同动作的图片，孩子们根据熊猫的动作联想出可能会发生什么事从而进行不同程度的添画。

美术：线描画《小猫钓鱼》

体现的创造性发挥：学会故事的基础上，将整个故事情节贯穿始终，幼儿可自由选择描画故事中的某一画面，最后进行排列，呈现故事情节。

实施效果：幼儿开始不太适应这种方式，随着教师的讲解演示，大部分幼儿能逐渐明白并较好地掌握，个别幼儿还能创造出一些意想不到的画作，但有一部分的幼儿还是有模仿的痕迹。

3. 两个释放——是拓展幼儿创造力的有效途径

（1）形象比喻。

这种方法需要教师协助幼儿为其打开想象的空间，例如：在教授幼儿认识拓展圆形形象时教师可以说："你都见过哪些东西是圆形的？"只需一句话幼儿便会浮想联翩想出一大堆大人们都难以想到的东西，而在我看来，具有想象力是发展创造力的必要条件，幼儿的想象力丰富了，头脑里装满了天马行空的想法，再加上掌握一些简单的技能自然就发展了创造力。

美术：种子粘贴画《秋》

体现的创造性发挥：近期我们进行了秋天多么美主题的学习，幼儿从多种角度认识了秋天,体验了秋天的美好。本节课采用了小组画的作画形式,以小组为单位共同完成一幅以《秋》为主题的种子粘贴画。教师可适当提供动物形象,给幼儿以启发和帮助。

实施效果:开始时,小组中有个别幼儿因分工合作产生分歧,而后在小组其他成员的帮助和合理的理由分析下,个别幼儿也能较好的参与到小组作画中,发展了同伴间分工协作的能力。幼儿能大胆的按照自己的想法进行粘贴,注意到了颜色搭配、粘贴位置和方向等,进行组合后体会到合作力量大的意思。

(2)情境激励。

这一方法有助于幼儿创造力的拓展。幼儿由于受年龄特点的影响,枯燥乏味的东西难以接受,因此将有趣的游戏、卡通等情境贯穿整堂课的始终很容易调动起孩子学习的积极性,例如:美术课上经常要单独来画一个动物形象,单纯一笔一笔的教画难以调动幼儿的绘画情绪,效果可想而知,在这时如果能给这个动物设定一个形象编排一个故事,让幼儿在情境中绘画,每个幼儿都有自己的想法呈现出来的作品内容也就有了灵魂。

美术:泥贴画《菊展》

体现的创造性发挥:首先,材料提供上可多种多样,用太空泥或橡皮泥做菊花,用各种材质较硬、较挺的材料做底衬,例如:纸盘、彩色卡纸、塑料板、泡沫板等。其次,授课过程中教师应着重引导幼儿观察菊花的外观特点,在此基础上不拘于我们日常看到的菊花形态及颜色,加入大胆想象进行粘贴。

实施效果:开始时,幼儿表现出不太自信、不敢去尝试,这源自幼儿在日常的美术作品中临摹痕迹太重,而后,我将自己的菊花进行了大胆的创造,贴出了一幅七彩菊花,幼儿受到启发慢慢开始尝试,分别从菊花的颜色、形状进行了创造,还有的幼儿在菊花四周加入了衬托的景物效果较好。

四、美术教学中遇到同类型课程适合进行套用的方法总结

(1)例如小猫钓鱼这种题材,它既是一个语言故事,又是一堂绘画课时,教师可以抛弃传统的临摹画方式转而采用情节贯穿法激发幼儿进行

作画。

（2）在遇到学画一个单一的形象时可运用情境激励法和丰富联想法。教师为幼儿创设情境激发学习兴趣，回忆已有经验，在学会主要形象的前提下，为幼儿提供相关图片、视频等资料进一步丰富幼儿的常识，使得幼儿在接下来的构思画面情节时能有迹可循。

（3）美术课当中除绘画之外的其他形式，例如：泥贴画、种子粘贴画，都可以提供给幼儿多种多样的材料供幼儿自由选择，有利于幼儿创造性的发挥。

（4）在遇到一幅制作复杂，费时较长的作品时，因课堂时间有限，当个别幼儿之力不能完成时，可采用小组作画的形式，既省时省力，又能在发展幼儿创造性的基础上锻炼幼儿间的分工协作。

总之，幼儿创造性思维和创造能力的培养，应是鼓励幼儿主动探索知识和不断创新。赫尔巴特曾经说过："创造力的育成，不是由大人注入的，而是以儿童自身表现为中心"。因此，绘画活动不是单纯地让幼儿模仿，而是要让幼儿主动地参与创造，发展个性，启迪智能，从而发挥幼儿的创造性思维能力，全面提高幼儿素质。

让游戏陪伴孩子成长，让幼儿成为学习的主人

张玉婷

幼儿游戏化教学，是指把幼儿教育的目标、内容、要求融于各种游戏之中，教学游戏化的实质是让幼儿成为学习的主体和发展的主体。《幼儿园教育指导纲要》中也明确指出：幼儿园教育应以游戏为基本活动。幼儿园教学活动的游戏化主张在幼儿园的"教"与"学"中融入游戏的形式、游戏的要素、游戏的精神，让幼儿在游戏中快乐、自主的体验学习的过程，贯彻这一精神。

游戏性是指幼儿在游戏中所表现出来的以主动性、独立性和创造性为特征的主体性素质。游戏性，也可用来描述和定义活动，这时，游戏性就成为活动的客观特征。活动可以被分为游戏性强或游戏性弱的活动，幼儿园课程关注课程的游戏性。游戏对于传统分科课程来讲，各要素及彼此间的联系和融合更直接、更便捷，因为游戏不需要人为地划分领域；而传统分科课程是以学科知识为中心来组织的，它追求的是知识和系统。幼儿在游戏中，无论是经验的获取还是能力的表现，都是以"整个"的方式进行的。因此，游戏是最具综合意义的社会实践活动，它是培养幼儿综合实践能力的有效途径。游戏的这一特性在游戏化幼儿园课程中突出地表现为课程设计中整合技术的运用。游戏化幼儿园课程坚持按生活的逻辑，因为游戏是幼儿对社会生活的模拟。

由于受传统教育的影响，我国的幼儿教育存在注重学习成绩，忽略认

知过程的现象，使幼儿产生消极的学习情绪。然后，在近代教育学于心理学等学科的研究成果已经向人们证明游戏对于幼儿发展的重要价值。尊重幼儿游戏圈里，保障幼儿充分享受游戏，快乐成长的理念被越来越多的人所认识和接受，幼儿园教学与幼儿园游戏之间的关系已经得到幼教界工作人员的普遍关注。关于幼儿园游戏与教学的关系，刘焱在《儿童游戏通论》中指出，游戏和幼儿园教学之间可能的关系不外乎是“分离平行”或“相互融合”。在“分离平行”的状态下，游戏和幼儿园教学无关，教学主要在“课堂”中以直接接受的方式进行，教和学之间的关系表现为“以教为主，学依从于教”。在“相互融合”的状态下，教追随和支持着幼儿在游戏中的学习。教和学之间的关系表现为“学为中心，教依从于学”。幼儿园教学应当在哪里发生？是在专门的“课堂”之中还是在幼儿的生活和游戏之中体验呢？

我国游戏和课程的融合存在了三种形式：一是分离型，即游戏和教学在时间上彼此是分离的、独立存在的。二是交叉型，教学的内容在游戏中得以运用，或在游戏中发现的问题又回到教学中来解决，二者仍然是两个独立体。三是融合型，教学追随和支持着幼儿在游戏中的学习。我偏向于第三种形式，寓教于乐。以游戏为中心的学习，让幼儿主动积极、自然而真实的学习活动。

莎士比亚说：“游戏是小孩子的‘工作’”。可在实施的过程中，游戏化教学的方式总让人遗忘在脑后，如果能将游戏融于在教育教学的活动中发挥必要的作用，这样游戏在我国幼儿教育中就会得到一个受人尊重的地位了。我们可以将游戏作为组织教学的一种辅助手段，引起幼儿对认知对象的兴趣，激发他们的探索欲望。我曾经在一个语言活动中，给小朋友们猜了个谜语：红果子，绿麻子，咬一口，甜滋滋。孩子们马上瞪起了眼睛，踊跃的举手来猜，这种简单的游戏可以消除幼儿对机械记忆中枯燥乏味的情愫。教育技巧的全部诀窍就在于抓住孩子的兴趣点，只有在教师能利用巧妙的方法，体会幼儿的心理特征和年龄特征，加以适当的方法，才能使得幼儿产生兴趣。

教学活动游戏化在设计上有两种策略：一种是整个教学活动就是一个完整的游戏，游戏在规定的教学时段里可反复进行，如体育游戏“老狼老狼几点了”、音乐游戏“丢手绢”等；另一种是游戏只在整个教学环节中的某个特定时间段出现，成为教学活动的一个环节，比如用猜谜语的方式导入活动，谜语本身就具有游戏的性质，而猜谜则是一种游戏活动，也可把某些游戏用于教学的结束环节，以巩固某些知识或技能。这种设计在结构上比较紧凑，教师主要利用为各领域教学编制的游戏来组织教学活动，以提高教学活动的游戏化程度。

杜威指出：“游戏性是一种精神态度，游戏是这种态度的外部表现形式。”游戏作为一种精神应存在于课程之中，游戏化幼儿园课程并不是要幼儿园课程都以游戏的方式表现出来，而是强调游戏精神在课程中的体现。如果把游戏理解为一种精神，我认为最直接的体现是：关注幼儿的主体地位，尊重幼儿的选择权和决定权；关注环境的创设和材料的提供，强调儿童与环境和材料的互动；关注活动的过程，将目标隐含在过程之中。用这种精神去设计幼儿园课程，把这些精神渗透于课程之中，既是游戏化幼儿园课程的设计思想，又是重要的组织策略。在课程设计过程中，教师从选材、目标、内容、方法、形式、手段等多方面考虑，尊重幼儿的年龄特点，选择适合幼儿年龄的教材，设置适宜的目标，运用情景化、游戏化的教学手段和形式，在教学活动中引入完整的游戏，使教学游戏化，幼儿园游戏既是活动的内容，又是活动的途径，真正让幼儿成为活动的主人，让幼儿自由自主地去发现，去探索，去体验周围环境中的新鲜实物。在教学活动中，运用生成策略，适时地引发幼儿的创造性游戏，其关键仍然是环境的创设和材料的提供。幼儿园课程游戏化是一个动态的课程建构过程，它需要寻求有效的整合策略，使课程和游戏自然、有机地融为一体。

福禄贝尔曾论述道：“儿童在游戏中获得生命、思想和心灵全面的内在满足。”“游戏不仅形成了他的整个未来生活的萌芽，而且也形成了他整个未来生活的核心。”游戏作为基本活动就是说，游戏是包括教育教学活动、日常生活活动等其他所有活动开展的基础。由此可见，幼儿在想认知新事物的过程中，必然要有游戏的参与。

三步递进式教学策略在创意美术中的运用

张效苏

幼儿创意美术活动是指以主题为线索、以幼儿为中心、以经验为基础，整合多种美术表达形式新颖独特地创造艺术形象，陶冶情感、发展自我探索能力的美术活动。区别于传统的幼儿美术活动，幼儿美术创意活动的目的并不强调让幼儿机械地习得某种美术技能，而是把重点落在“创意”二字上，即在幼儿已有经验的基础上，为幼儿提供全方位的支持，鼓励幼儿充分发挥想象、联想、幻想，大胆运用各种材料和美术表现形式创造和表现新的、美的艺术形象，在创造美和表现美的过程中获得美的情感体验以及成功感。回顾我近年来的美术教学，逐步梳理出三步递进式创意绘画教学策略。所谓“三步递进式”，即第一步多向创意来源，第二步多元化激发兴趣，第三步多方合作的创作方式。

一、多向的创意来源，为幼儿绘画打下坚实的基础

1. 创意点来源于生活

生活中有各种自然风景、城市建筑、人文环境等，范围极为广泛。它们具有内容丰富的特点，可以为幼儿的创意美术提供非常广泛的素材，因此，教师要善于观察并展现幼儿对于生活中各种事物的关注点，并通过提供各种支持引发幼儿进行创意美术活动。如中班主题“美丽的秋天”所进行的创意美术活动“树叶变变变”，即为典型的由幼儿所关注的生活中自然现象而引发的创意活动。在这一主题中，通过近半个月的学习，幼儿已经知道了

自然界中的树木分为落叶树和常绿树，落叶树一到秋天叶子就会飘落；通过音乐活动“捡落叶”，孩子们对捡落叶也有了浓厚的兴趣，每天早上都有孩子告诉我：“今天来幼儿园的路上我看见银杏树的落叶了，我捡了一片，像黄色的小扇子。”一次午间散步时，受几位孩子的感染，全班幼儿和老师都加入到捡树叶的行动中去，将树叶带到教室后，我们又一起讨论：“有的小朋友认为梧桐树叶像手掌，你们说像不像？它还像什么？怎么让它变得更像一点？”在我的启发引导下，幼儿想出了许多办法，比如叶子剪贴画、叶子与水粉组合画、树叶拓印画。至此，“树叶变变变”成为了一个名副其实的创意美术活动——材料、方式、主题等都由幼儿自主选择，所创作出来的作品不拘一格，充分地激发了幼儿的想象力与创造力。

2. 创意点来源于大师的艺术作品

三至六岁的幼儿，喜欢画面上所描绘的物象完整，环境单纯而不杂乱。在表现技法上，他们喜欢用笔简练、形象突出的作品。对于造型奇特、形象美观的图案、色彩鲜明的动作和人物尤其感兴趣，而许多大师们的作品无疑是最佳的选择。因此，教师可以遵循高度艺术性与幼儿年龄特点相结合的原则，了解他们的欣赏习惯和心理要求，结合他们的实际，选择一些他们能理解的大师作品，来引导他们的进行创意活动，给予幼儿多种形式的运用美、表现美，促进幼儿的创造力发展。如一次欣赏完莫奈的《日出·印象》后，一位幼儿把画面涂得黑黑的，在黑黑的画面上还夹杂着许多红色的物体和一些不像样的形体。初一看真是乱七八糟，不仅擦脏了画纸，还划破了画纸。然后他却兴奋地说：“这是我画的恐龙时代，恐龙们为了争夺龙蛋展开了战斗，这是剑龙与翼龙在搏斗，这是三角龙在保护它的孩子小三角龙。”让幼儿欣赏不是鼓励幼儿模仿，而是让幼儿产生自己会做得更好的信心和希望，进一步鼓励幼儿进行大胆创作。

3. 创意点来源于音乐、文学作品

优美的音乐、文学作品能调动幼儿的多种感官进行体验，帮助幼儿感受理解作品；其丰富的体裁表现，优美的意境展现，生动有趣，幼儿欣赏、阅读后身心愉悦，从而激发了他们表达表现的愿望。例如在大班主题“虫虫世界”中，可以欣赏圣桑的《动物狂欢节》，在充分了解前几乐章与其表现的动物形象之后，剩下的则让幼儿根据音乐的旋律、节拍、音高等进行大胆想象和创造，选用自己喜欢的美术材料和创作手法来表现狂欢节上的其他动物。如在中班“猜猜我有多爱你”主题中，教师提供给幼儿漫画绘画《父与子》系列，孩子们特别感兴趣，就引导他们进行创意续编，从而在此基础上形成了“家庭大画册”——幼儿用各种美术表现形式讲述自己的家庭故事，表达自己对家的热爱。

二、多元化激发兴趣，全身心地投入创作

1. 玩学结合，激发幼儿对绘画活动的兴趣

孩子天性爱玩，常常提出“玩”，时时念着“玩”，学与玩虽然对立，却又是统一的，从幼儿兴趣入手，把玩的要素渗透到学习中，更能调动幼儿参与学习的积极性，如在画“人物动态画”教学活动中，我们不是先忙于让孩子去画，而是先让孩子们玩，如组织孩子跳绳、拍球、赛跑等活动，在孩子玩的同时要求他们认真观察，记住主要特征，并帮助孩子们分析“人”在做不同运动时，身体会有什么不同的变化，孩子们在对比观察中逐渐掌握，做不同运动时人物的动态。游戏后，再组织幼儿绘画，此时孩子们就会把观察到的人物动态画下来，由于观察的角度、内容不同，孩子们作品表现的方式也不同，绘画结束后，你就会发现，孩子们的画，人物形态各异，活灵活现。虽然有的孩子画得不形象，但是让孩子们通过自己的感受、观察、表现，获得非常宝贵的经验，对丰富幼儿的想象力非常有帮助。

2. 创设情境，激发幼儿兴趣

要创造出丰富的、有表现力的画，单凭幼儿自己想象或拥有的表象记忆是远远不够的，教师还要积极地创设情境引发幼儿的想象，激发幼儿创作的欲望。如我们在进行绘画活动“小兔子的故事”中，我们先创设一个情境。大森林里住着许多的小动物，它们都是非常好的朋友。有一天，天气特别晴朗，小兔子决定去山上采蘑菇，它的来到山坡上，发现了许多蘑菇，小兔子高兴极了，它一边唱着歌一边采蘑菇。突然，小兔子听见呼救声：“救命呀！救命呀！”小兔子想，会是谁呢？究竟发生了什么事情。它顺着声音跑过去……接下来会发生什么事情？我们让孩子们去猜想，这时孩子们会

各抒己见，用自己的思维方式去预见可能发生的事情，当孩子们兴致正浓时，再让孩子们把自己所想到的用画笔画下来。在这样的活动中，每个孩子参与活动的积极性都会非常高，他们都急于通过画把自己的想法告诉大家。通过活动，孩子的想象力都得到充分的发挥，他们在和别的孩子交流中受到启发，实现资源共享，同时他们还会结合自己原有的经验进行创作，每个孩子都会有不同的创意。

三、多方合作的创作方式，迸射出新的创意火花

创意美术活动有别于一般的美术活动在于它倡导合作的特点，许多原本个人创意在互相合作中迸射火花产生新的创意，在合作中完成最终作品。其中包含以下四种合作创作的方式。

1. 同龄合作创作

同龄创作是指同一年龄阶段的幼儿进行创意合作的创作方式。这在创意合作中是常用的一种方式。同伴之间互相借鉴、变通，充分发挥想象力与创造力，利用各种材料来共同新颖独特地表现艺术形象。在“美丽的海洋世界”活动中，孩子们大胆地把自己印象中最深刻的海洋世界景象表现在自己的画面上，他们不只是独立地回忆、再现和想象，而是经常从他人那里获得启发，是在模仿基础上的再创造。于是有的幼儿看到同伴画的鱼有格子的花纹，就受到启发画出了斜格子花纹，并间隔加上了圆点，新的花纹便产生了。

2. 混龄合作创作

混龄合作创作是指不同年龄阶段的幼儿一起进行创意合作的创作方式，体现以大带小互补的特点。在“美丽的鸡妈妈”创作中，姐姐画好了一只漂亮的母鸡，想请妹妹只用印章敲些鸡蛋，但妹妹也很有自己的想法，要画小鸡，但由于能力还不够，画了两只眼睛后不知道怎么画了，姐姐马上安慰她并添加了向下的嘴巴，还在圆形的身体上添加了两条腿，一只低头捉虫子的小鸡马上跃然纸上。

3. 师生合作创作

师生合作创作是指教师与幼儿一起进行创意合作的创作方式。虽然

幼儿具有很强的想象力与创造力，但幼儿受自身知识经验与认知策略的限制，其思维也具有很大的局限性，这就需要教师在适当的时机为幼儿提供适当的支持，因而师生合作创作是一种很重要的创作形式，教师在活动中适时点拨对幼儿创意活动能起到促进作用。如在创意美术活动“可爱的小猪”中，幼儿的想象力特别丰富，用薯片罐、酸奶瓶等作小猪的身体，布条作尾巴，兴趣都很高涨，但在为小猪做眼睛时却遇到了问题，选择用黑豆的幼儿始终无法将之固定好，在这种情况下他们有些不耐烦，甚至想放弃，这时我适时介入，对其进行点拨，“除了双面胶外，可以粘东西的还有什么？”引导幼儿重新发挥想象，进行尝试，并最终解决问题。

4. 亲子合作创作

亲子合作创作是指家长与孩子一起进行创意合作的创作方式。每位家长从事不同的工作，具有不同的经历、职业特点和聪明才智，他们是物质资料、信息资料的提供者。家长参与活动的过程，一方面会给师幼以启发；另一方面可以运用各自的专业知识拓宽师幼的视野。一次牛牛带来了和妈妈一起亲子制作的“纸杯小猪”，小朋友看了很感兴趣。于是请牛牛妈妈利用来园的时间为小朋友介绍他们制作的方法，大家听得津津有味，回家也把自己的想法告诉家长，于是第二天，出现了各种利用纸杯变成的物品，有螃蟹、章鱼、火箭、火车等，家长在创意活动中表现出的积极性都时刻激发幼儿的创造意识，因而亲子合作既弥补了孩子能力上的局限，又能提高幼儿创新意识，并且年龄越小的孩子越适合这种合作创意的方式。

我结合这一时期美术教学工作实践，大胆推行三步递进创意美术教学法。从创意来源、兴趣激发、多元合作入手，通过让幼儿主动参与，培养幼儿学习的主动性，让幼儿发挥其最大的潜能。从三步递进式教法实施情况来看，幼儿的主体性发展占重要位置，但教师的引导作用也不容忽视。教师要起到充分引导作用，要有良好的应变能力，这直接影响到幼儿学习的兴趣性和教学效果。同时，幼儿创意绘画教学必须重视家园合作，要向幼儿园教师、家长宣传美术教育的任务，正确认识绘画教育的作用，对新的教学方法做进一步实践探索，使幼儿绘画教学教法取得家园一致性。我们要善于整合家长资源，捕捉孩子创意的火花，就可以在定期的家园活动中展开。实践证明，在绘画教学活动中只有运用一定的指导方法和策略，才能真正培养孩子对绘画的兴趣和提高他们的绘画能力，才能让美术活动的意义、作用真正得到落实。

适度运动负荷，提高幼儿“健商”

——浅谈幼儿园体育活动中运动负荷的达成

李　萍

“健商”是“健康商数”的简称，它是一个建立在最新医学成果和健康知识基础之上的全面的、全新的、有科学依据的健康观念。随着医疗卫生技术的不断发展，人们对健康的认识更倾向于更加科学的综合的健康观念。因此，作为一名幼儿教师，我们肩负着提高幼儿健康商数的重任。而合理安排体育活动中的运动负荷，是提高幼儿健商的重要途径之一。

幼儿园体育教学法中提到：“合理安排幼儿体育活动时的生理负荷和心理负荷是对体育教学的一项基本要求，也是评价体育教学和体育活动的锻炼效果的一项重要指标。”一般来说，体育课的幼儿平均运动心率只有达到 130～160 次 / 分钟，运动密度达到 50%～70%时，才能达到身体锻炼所需的活动量，达到身体锻炼的目的。那么在组织体育活动时，如何合理安排幼儿的运动量以达成适度的运动负荷呢？结合本学期组织早教中心亲子体育活动的实践，谈谈我的做法。

一、竞赛游戏法——提高活动量

在幼儿园体育活动中，教师往往比较注重关注幼儿在体育活动方面的知识的接受和动作技能的训练，而忽略了对幼儿来说活动量是否合理、是否能够达到锻炼身体的目的。活动量是否合适，主要取决于活动密度的高低和活动强度的大小，两者缺一不可。

例如，在体育游戏“小蚂蚁爬爬”活动中，我设计了“蚂蚁搬豆”的游戏情景，请幼儿从场地的一端爬到另一端，从地上“搬一个豆豆”，然后再爬回来。经过两轮游戏后，我发现大部分孩子都没有运动后气喘吁吁的表现，而且对这样一直爬的活动已经开始厌烦；这就说明虽然这种来回爬的活动密度比较高，但爬这种动作所消耗的体力小，根本就达不到身体锻炼所需的活动量。因此，在之后的游戏中，我用竞赛游戏的方式引导幼儿爬过去拿到豆豆后要快速地跑回来，比比在规定的时间内，谁运的豆豆最多。这样不但提高了运动量，也提高了幼儿对活动的兴趣。

再如，在“小司机”活动中，我主要是请幼儿拖拉着小车给小动物运食物，还渗透了“根据不同小动物喜欢吃的食物分类放”和说一句完整的“小兔，请吃萝卜”等益智和语言方面的内容。但是，活动中我发现，虽然幼儿对这次活动的情境很感兴趣，但大部分幼儿拖拉着小车都走得很慢，根本达不到应有的活动量，因此，我也是采用了竞赛游戏的方式，提高了活动密度，达到了身体锻炼所需的活动量。

可见，在组织体育活动时，我们不能只单一地考虑活动密度的高低或者是活动强度的大小，要在幼儿实践的过程中，将这两方面的因素进行综合全面的考量，必要时适当调整活动形式，以达到合理的活动量。

二、增设情节法——平衡活动量

在一些以跑、跳为主要动作技能的体育活动中，活动密度和强度往往都会相对较高，如果活动形式安排得不合理，活动量往往就会超出幼儿的生理负荷和心理负荷。因此，作为幼儿教师，在组织这一类的体育活动时，我们可以通过一些幼儿感兴趣的游戏情境，来平衡整节活动的活动量。

例如，在“小兔采蘑菇”活动中，我设计了小白兔采蘑菇的游戏情节，孩子们带着小白兔头饰跳过来采蘑菇，然后再跳回去，就这样一直跳来跳去，不一会儿，我发现孩子们就跳不动了，上气不接下气。这种跳的活动强度太大，因此，我临时增设游戏情节“大灰狼来了”，小白兔们要赶快跑回家藏好，这样其实就是给了孩子们一个休息调整的时间，有效地平衡了整节活动的活动量，而且出现了“大灰狼”这样一个矛盾点，孩子们对活动更感兴趣了,活动效果非常好。

再如,“袋鼠妈妈”这节亲子体育活动,主要是锻炼亲子间的相互配合能力,掌握亲子同步行进跳的方法。活动中,我设计了袋鼠妈妈和宝宝一同去运球的游戏情节,两轮游戏后,我发现家长们都已经非常累了,活动量过大,因此,我增设游戏情节:袋鼠宝宝过小桥,请袋鼠宝宝走上小桥,到桥头上跳下来,然后再和妈妈一起去运球,这样就平衡了运动量,达到了锻炼的目的。

三、难度递增法——分配活动量

有的体育活动中的动作技能相对较难,在幼儿还不能掌握这种技能时,往往达不到应有的活动量。所以,在组织此类体育活动时,我们可以结合本次活动的动作技能,增加低一级的动作练习,使整个活动形成一种难度递增的效果。

例如,“小猴摘桃”这节活动的主要目的是引导幼儿学会纵跳触物的基本动作,提高幼儿的手眼协调性,活动中,运用了难度递增法,首先请小猴子们跑到场地对面摘桃子,然后跑回来,我发现大部分宝宝都还掌握不了纵跳触物的动作,他们基本都是踮起脚尖来摘桃;于是我又增加了呼啦圈摆成的石子路,请小猴子们跳过石子路去摘桃子,引导他们练习跳跃;最后,又加上了独木桥,请小猴子跳过石子路、走过独木桥去摘桃子,这样将整个游戏过程的运动量进行了一个交替分配,达到了体育活动的锻炼效果。

当然,在我们平日组织体育活动的过程中,幼儿运动负荷的达成,不但要考虑活动量的大小,还要考虑季节的变化,夏季的运动量要比冬季相对小一些。另外,活动的预设固然重要,但是在组织活动的过程中,教师的灵活应变更为重要;教师要注意随时观察孩子在活动中的反应,根据孩子的表现,随机进行调控,使我们的体育活动真正达到幼儿身体锻炼所需的活动量,使幼儿的健康商数在不知不觉中得到提高。

影响小班幼儿自理能力发展调查报告

刘　俊

一、问题分析

著名的教育家叶圣陶先生曾经讲过:“教育的实质就是培养良好的习惯!”习惯是人生之基,好的习惯可以逐渐形成好的人格,关系到一个人的生活、学习、工作等方方面面的人生表现。幼儿期是人的一生身心发展尤其大脑结构和机能发展最为旺盛的时期,更是良好生活习惯形成的关键期。在这个阶段,儿童极易接受外界刺激,而且形成的一切是非常牢固的,并将成为人的第二天性。幼儿期良好生活习惯的养成对人的一生影响巨大,这是由于这个时期孩子的心理特点所决定的。这一时期一旦养成良好的生活习惯,确实能让孩子终生受益。实践中,我们可以看到,在幼儿园,老师从小班开始就注重孩子自我服务能力的培养。许多孩子在幼儿园能自己吃饭,自己穿衣,可回到家后,由于家长们思想上任其自然,教养态度不合理,使孩子已初步建立的生活自理习惯不能巩固,造成饭来张口、衣来伸手的行为。由此看来,家长的教养态度与孩子的自理能力发展存在着内在的联系。为此,我开展了幼儿自理能力发展与家长教养态度之关系得调查研究,目的是进一步了解在家庭中影响幼儿自理能力发展的因素,从而采取相应的对策,为我们正确指导家庭教育,有效地培养孩子的自理能力提供依据。

二、影响自理能力的原因

(一)幼儿缺少自我服务的兴趣

1. 主要问题

(1) 长期依赖造成幼儿手懒、心懒,没有自我服务的意识,总是依赖于成人的帮助。

（2）没有意识到能够自我服务是一件很自豪的事情，体验不到自我服务的成功感和乐趣。

2. 调查分析表举例

穿脱衣服调查分析表

等 级	内 容					
	穿上衣	穿裤子	穿鞋子	分清前后	分清左右	系纽扣拉链
自己整理	79%	75%	98%	60%	75%	25%
协助整理	18%	50%	1%	18%	16%	30%
帮助穿衣	3%	5%	1%	12%	9%	45%

（二）家庭教养方式影响幼儿自我服务发展

1. 主题问题

（1）家长的溺爱包办。大多数孩子入学前主要由爷爷奶奶、外公外婆带大，退休后的老人对第三代更加的宠爱，也有更多的时间照料孩子，因此样样事情包办代替。

（2）意识错误。有些家长重视对孩子的智力投资，轻视了对孩子自理能力的培养，认为孩子长大后自然就会了。

（3）缺乏耐心或受时间限制。孩子年纪小，做事速度慢，有的家长急着上班，干脆代劳这样使得孩子失去了机会，这种情况较多出现在三口之家。

2. 调查分析表举例

幼儿家庭自我服务调查问卷

	家长主动帮助	家长协助完成	完全依赖家长
穿脱衣服	60%	15%	25%
进 餐	45%	25%	30%

三、存在问题

（1）教师的指导缺少符合小班幼儿年龄特点的教育方法。缺少游戏性和趣味性。

（2）幼儿缺少自我服务锻炼的机会。没有掌握基本的方法。

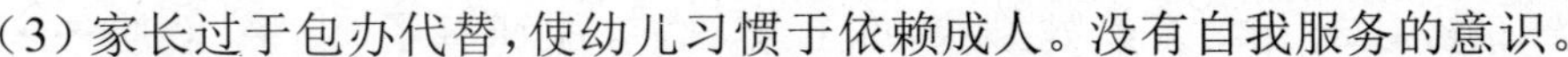

（3）家长过于包办代替，使幼儿习惯于依赖成人。没有自我服务的意识。

四、思考与建议

针对以上对小班幼儿自理能力的评估、分析，本班从探索幼儿生活自理能力培养的有效手段和组织原则上提出以下内容：

1. 激励性原则

教师要利用集体氛围，创设情境，利用幼儿感兴趣、喜欢的方式给他们锻炼的机会，让他们试着自理。不要急于个别指导，教师应在集体环境中，以形象的游戏口吻，提出对幼儿的每一项要求。教师要充分考虑到幼儿自身存在的困难，为幼儿提供一定的生活游戏情境，在情境中教师要把握住难度，讲解清楚，并作好示范，让幼儿反复练习和实践。当然也不要忘记把适当、适时的鼓励与表扬送给孩子们。比如，在放学的时候，开展穿衣服比赛，比比哪个幼儿穿的最快最整齐，穿的快的小朋友可以获得大红花，以此激励幼儿练习穿衣服。

2. 游戏性原则

根据《纲要》中指出，幼儿以游戏为基本活动，寓教育于各项活动之中，注重活动过程，让幼儿在玩中学，学中玩。创设合适的区角活动，让幼儿在游戏中巩固自理能力的。比如：创设娃娃家，让孩子们游戏中，会学使用勺子、筷子、自己吃饭、穿衣、整理玩具等。然后，在让幼儿把已有经验迁移到生活中。这种方法，符合幼儿心理特点，也体现了《指南》精神，在不知不觉中，提高了幼儿的自理能力。

3. 生活性原则

习惯的养成需要一定的时间，而技能的学习需要反复的过程，不仅如此，还要注意定期练习。特别是小班幼儿，由于刚入园，还没有养成良好的生活习惯，教师要经常督促、检查、提醒幼儿，使幼儿逐步养成良好的习惯，在潜移默化中形成自觉的行为。因此，对于小班幼儿生活自理能力的培养，是具有生活性、随机性的。

4. 情境性原则

我们在娃娃家给幼儿提供一些娃娃和小朋友已经穿不下的衣服和裤

子、鞋，让幼儿学习给娃娃穿衣、穿鞋、叠衣服和裤子、洗手、洗脸……在较真实的情景中，进行游戏操作，得到生活体验，得到生活能力锻炼。情境法，对于小班幼儿来说最能激发幼儿的兴趣，最靠近幼儿的情趣。

5. 操作性原则

在我们的一日生活中，无时无刻的体现着这一原则。每天来园，幼儿自己摆放物品、整理自己的衣帽橱、加餐时，自己取餐拿餐具、收拾碗筷，所有的环节和活动在这种“家”的情景中展开，以不同的游戏形式，让幼儿参与、动手实践，从而多维立体的培养幼儿的自理能力。

6. 家园合作性原则

《指南》中指出：家庭是幼儿园重要的合作伙伴，家园之间要及时沟通信息，交流看法。幼儿自理能力的养成，不是在一个小时或几天之内养成，它需要一个长期的过程，因此，光靠幼儿园是不够的，还需要家庭的配合。为此，我通过“家长会”“家长宣传栏”等形式，让家长认识到培养幼儿自理能力的重要性，以及形成自理能力对幼儿今后成长的重要性，帮助家长提高认识，改变以往包办的情况，从而使家园步调一致，互相配合，共同培养。

另外，我们还通过网络或家长沙龙的形式，请入自立性强的孩子家长介绍自己培养孩子的经验和小妙招，争取让每一名幼儿都能养成良好的习惯。

7. 暗示性原则

环境在幼儿园起到了重要的作用。我们通过图示范例，让幼儿根据图示学会自主喝水、进餐。运用“午睡五部曲”让幼儿学会穿脱衣服。通过“袜子变蛋卷”的游戏解决了幼儿丢失袜子的现象。并且我们在区角中，增添了系鞋带范例、小兔子喂食等。让幼儿在环境的暗示中，不知不觉学会了许多原本不会的技能，提高了幼儿的自理能力。

幼儿自理能力的培养绝非一日之功，这是一个漫长的过程。我们的幼儿还小，要鼓励幼儿自己的事情自己做，要给他们创造锻炼的机会。放开双手、相信幼儿、言传身教、耐心指导，蹲下来、慢一点，只有这样，培养孩子们的生活自理能力才能实现。

言传身教,使儿子学会关爱

孟　倩

家庭教育作为完整教育体系中的重要组成部分,它在培养教育幼儿形成良好的心理品质中起着举足轻重的作用。幼儿的年龄和心理特点,决定了他们具有较强的模仿性,他们是通过观察成人来认知社会的。而家庭是幼儿生活的最初也是最基本的环境,他们从一出生就与父母朝夕相处,共同生活,也就是说,家长就不可避免地成了孩子的第一任老师。因此,家长的言传身教在家庭教育中所起的作用显得尤为重要,甚至是伴随孩子一生的。苏联教育家苏霍姆林斯基说过:善良的情感是良好行为的肥沃土壤。为了塑造儿子的爱心,在他幼小的心灵播下爱的种子,我们在家庭教育中注重通过言传身教来培养儿子的关爱之心、关爱之情。

一、针对问题对症下药,使儿子学会关爱

记得在儿子两岁时,有一次我肚子痛得厉害,在床上翻来覆去,儿子看到了,高兴得哈哈大笑起来。我说妈妈肚子痛你还高兴地笑,但他还是笑个不停,这可以看作小孩子小不懂事,不能体会成人的病痛之苦。但我想不能轻视这件事,特别是在当前独生子女以自我为中心的特殊时期,必须教育孩子学会爱他人。于是,我们全家决定对此问题对症下药,使儿子学会关心他人。为此,我们在儿子面前演了一出戏,姥姥装作肚子痛,我和儿子的小阿姨忙前忙后,一会儿帮姥姥揉肚子,一会儿拿热水袋,问长问短,

这一切儿子全看在眼里，开始很惊恐的样子，后来也参与了这一慰问大军，跑过来哭着说："姥姥，你别痛了。"这时我连忙说："快给姥姥揉揉肚子，姥姥就不痛了。"他马上把小手伸过去帮姥姥揉肚子，这时姥姥笑着说："谢谢硕硕，多亏了你给我揉肚子，好了肚子不痛了，你真是个好孩子，姥姥真高兴。"还真灵，从那天以后，只要我们大人说哪里不舒服了，他就用小手帮你摸摸头，捶捶背，这一招让我们尝到了甜头，直到后来，儿子大些了，只要听到我们说不舒服了，他都会急着去找体温表，让你测体温，或是问你喝不喝水……表示自己对亲人的关心。

二、以身示范，培养孩子的爱心

家长是孩子模仿的主要目标，家长的行为习惯、行为标准、待人是非标准，时刻在影响着孩子。

儿子小时候经常跟姥姥到太姥姥家看望太姥姥和太姥爷。去时总要买上些两位老人爱吃的食物，而且还要儿子帮忙拿着。到家后，还要儿子对两位老人讲，这是给太姥姥和太姥爷吃的，这一切对儿子的影响很大。有一次，姥姥带儿子看两位老人时，当路过食品店门口，儿子便讲："咱们给太姥姥、太姥爷买点好吃的吧。"

还记得当年电视中播出湖北地区发生水灾，我和儿子一起看着电视并对他说："大家都关心他们，给他们送衣服、送钱，要不然他们就会饿死、冻死的，我们也要为他们做点事。"这时，儿子跑去抱起自己的储钱罐说："我有很多钱，送给他们吧。"儿子的这一举动，真让我们感动，我连忙夸他说："硕硕真好，舍得把自己攒的钱送给灾区的小朋友，他们一定会很高兴的。"第二天，儿子果真高高兴兴地把满满的储钱罐亲手交到了幼儿园的老师手里。

有一个下雨天去母亲家接儿子回家，母亲高兴地讲起早晨她送儿子去幼儿园的事情，早晨母亲送儿子去幼儿园，谁知一下车天上下起毛毛细雨，这时儿子马上举起稚嫩的小手为姥姥遮雨，这让姥姥欣喜不已，怎能不感动，那时儿子才两岁多点。

现在儿子已逐渐长大成人，但令我们感到欣慰的是在他身上无时无刻不体现出我们在他幼小时期言传身教的影子，而且，这种言传身教的效应正在不断升华。在他步入社会后，体现在他身上的那种“予人玫瑰，手留余香”的品质更是让我们作为家长的感到自豪。

略谈有效运用回应，激发幼儿阅读乐趣的方法

黄　雪

绘本图文并茂，画面精美，符合儿童形象性思维的特点，在一定程度上弥补了纯文本阅读的局限。绘本阅读作为一种新的阅读方式蕴藏着丰富的教育价值，正逐渐走进幼儿园，走近孩子，而要充分体现这一教育价值则取决于在阅读活动的开展过程中教师的有效回应，把握回应的适时、适宜和适度，帮助幼儿理解绘本的画面，读懂绘本的内容，体验阅读的乐趣。为此，通过本文对绘本阅读教学中教师如何有效运用回应，让幼儿体验阅读的乐趣来谈一些方法和策略。

一、预设提问是回应之有效的前提

1. 梳理价值点

我以为：对绘本的分析应该多角度深入地了解作品的内涵和魅力，找出绘本所蕴含的教育价值，确定教学目标的切入点，最后围绕目标预设活动中的提问，为教师的回应取得有效性作铺垫。

作品蕴含价值的挖掘主要从认知、能力、情感这三个方面进行。如：在分析与解读绘本教材《小猪变形记》后，认知和能力价值的获得是：绘本用明亮的色调展现了小猪自我探索的心理过程；借助绘本图文并茂的画面帮助幼儿读懂故事的内容，激发他们的阅读兴趣；作品充满了惊喜的快乐，产生了幽默的联想，使幼儿在联想、猜测故事情节中，丰富自己的想象能力。情感价值的获得是：绘本以一种奇特的方式让小猪感受到做自己最快乐的

道理，幼儿在跟随小猪共同寻找快乐的旅程中体验到做自己，最快乐。所以我采用的回应方式是围绕读懂画面，理解故事中的小猪通过改变自己形态，寻找快乐幸福的过程和借助图文并茂的画面，大胆讲述小猪变形的有趣经历，从中体验做自己、最快乐这两个目标来设置。

2. 设置提问点

歌德说过："想要得到聪明的回答，就要提出聪明的问题。"提问教学可进一步带领幼儿根据文本去思考作者所要表达的意思，对激发阅读起到了很重要的作用。如在《小猪变形记》的活动中我以"老师今天给你们请来了一位客人，我们来猜猜它是谁？"来引出课题，让幼儿带着问题跟随这一只很不开心的小猪去共同寻找快乐的旅程。"你从哪里看出这是一只不开心的小猪呢？"这一开放式提问，引导幼儿去观察画面，激发幼儿敢说并从说中认识画面各种事物的变化与联系来推测故事情节的发展，使幼儿在阅读中体会内容的诙谐、幽默和有趣，感受绘本的真正内涵。当幼儿回答后教师还要注意引导、追问、总结。但要注意切入点，适宜的切入点使幼儿按着线索观察绘本中的各个细节。如我在教学中引导幼儿："小猪感觉很烦，一点儿都不快乐。你们觉得小猪会怎么做？"目的是让幼儿仔细地观察画面，接着追问："小猪出门后遇见谁呢？"引导幼儿从更宽广、更开阔的视角去审视画面，了解小猪为什么会遭遇一连串的失败和打击。"你看，小猪怎么看长颈鹿的？你们猜小猪心里在想什么？"我运用有一定指向性的追问策略，让幼儿获得有关观察的线索，帮助幼儿拓展观察的思路，并在追问中让幼儿有意识地从粗放式的阅读中学习观察感知画面，从而为后面小猪寻找快乐的故事情节做铺垫。在阅读的最后环节，我提出了针对绘本内容迁移经验的重要问题，帮助幼儿分析故事情节和画面形象，化解难题，找到正确的答案。在这里，教师的回应方式是先鼓励幼儿敢说，然后是梳理、总结，形成热烈的交流气氛；对幼儿的回答要给予具体的总结，对于不同的回答要帮助幼儿梳理，对回答好的要及时给予肯定，使幼儿在教师的回应中真正理解做自己，最快乐体验阅读的乐趣。

二、把握回应机智是回应之有效的基础

1. 捕捉适宜回应的时机，帮助幼儿理解画面的内容

我以为：在活动中的教师实际回应是技术，更是一门艺术，只有掌握一些回应的技巧，才能引导孩子去观察图画，更好地理解画面内容，了解故事的意义，活动才会变得更加生动和精彩；活动中应该注重回应的机智，捕捉教学中的提问后幼儿的回答，针对性地采用回应的有效策略。如我在《小猪变形记》的教学中提出“小猪是怎样让自己变成了长颈鹿的？”“从小猪的话中觉得它心里是什么感觉啊？”等问题，来激发幼儿阅读绘本的兴趣。在幼儿进行自主阅读后，我又提了一些开放式、启发式的提问。如：“你觉得这个故事有趣吗？”“什么地方有趣？”等等。幼儿自由说出自己看完故事后觉得最喜欢的地方就追问：“你为什么觉得它有趣呢？”对幼儿的回答给予了灵活、弹性的“回应”。幼儿自然就会说出自己最真实的感觉。

2. 采用互动式的口语回应，帮助幼儿读懂精彩的细节

绘本中常常隐藏着一些精彩细节，幼儿在自主阅读中会去发现这些细节，但幼儿的表达内容丰富但只是限于某一场景，这时教师不能停留在浅表性的回应中，而是在真诚倾听幼儿的表述后，再帮助幼儿提炼对绘本画面理解后所表达的内容。如：在讨论时我抛出“小猪怎样了？你从哪里看出来的？”的问题，由此产生了使幼儿参与互动的话题内容，幼儿各抒己见，我这时耐心倾听幼儿天真朴素的言语，在理解幼儿的基础上，进行适宜的回应，使师幼之间始终保持着积极而有效的互动，从而有了幼儿对绘本内容的迁移，提升了幼儿原有的知识经验，较深刻地读懂了故事中精彩的细节。

3. 运用了指导式的具体评价，帮助幼儿体会蕴含的主题

在幼儿完整地阅读绘本后，安排幼儿精读和细读的环节，我挑选出比较经典的画面，引导幼儿观察和主题紧密联系的细节。但由于个体差异，幼儿的回答就具有很多个答案的可能。如：在引导观察小猪用各种办法模仿长颈鹿、斑马、袋鼠、鹦鹉等动物时，会说小猪的不同姿态：仰着头，瞪大眼睛，得意，自以为了不起……这时我以自身规范恰当的具体评价语做总

结性的归纳以使幼儿得到明确指导，体验绘本蕴含的主题，“做自己，最快乐。”在评价中起到了润物细无声的效果。

三、掌握回应技巧是回应之有效的关键

我以为，掌握回应技巧是回应之有效的关键。在教学的过程中应该努力做到以下几点：

1. 激发师幼之间的互动性

教师不但要对教材的分析透彻，明确活动的目标，把握情感，更重要的是教师心中要装着目标，才能让教师在回应时做到自然、精炼；在互动中才能回应恰当；在追问、求证中使师幼之间始终保持着积极而有效的互动，让幼儿体验阅读的乐趣。

2. 捕捉来自幼儿的信息性

要适当的回应，首先要认真地学会倾听幼儿的回答，然后深入有效地参与和引导会话，让幼儿学会表达；要善于捕捉幼儿回答的与主题相关的信息，及时引导学习和理解；提出针对性的质疑和建议，突破目标中的重难点，以便幼儿较深刻地理解绘本内容，领会内涵。

3. 提高幼儿学习的主动性

教师在回应中应尽可能注意自己的言行对幼儿的激励和引导作用，并对幼儿的回答给予灵活的弹性反应。如运用重复、解释来提高幼儿的主动性，促进回应的有效性，最终达成活动的预期教育目标。

4. 关注评价中的提升性

教师对幼儿的评价要在肯定的基础上进行适宜的回应。如帮助幼儿概括、拓展，使幼儿的原有的知识经验得到提升。

总之，教师真正要在绘本阅读中做好有效回应就要平时注意积累，不断提升自己的专业文化素养；在教育现场关注来自幼儿的信息和生成问题进行价值判断和回应，以推动幼儿的发展，体现回应的有效性；注重对幼儿回答的随机反馈，促进幼儿的表达发挥、提升拓展、内在感知外显化。

幼儿舞蹈教学的研究与探索

吴玉虹

舞蹈是幼儿音乐教育内容之一，是在音乐的伴奏下根据音乐的性质，以动作姿态来表现音乐形象的一种形式。如何使幼儿对舞蹈感兴趣，在舞蹈活动中感到快乐，能享受舞蹈的美，这是幼儿舞蹈教学研究的一个问题。结合具体教学实践，在这里浅谈一下我在幼儿舞蹈教学中的几点体会。

一、选择幼儿感兴趣的音乐和舞蹈题材

作为教师首先要明确幼儿舞蹈教育的任务和目的，选择符合幼儿年龄特点和幼儿感兴趣的题材。因此，在舞蹈教学中我们就选择一些节奏欢快、活泼、优美的音乐来让幼儿学习舞蹈。如傣族的《孔雀舞》、新疆的《青春舞曲》，这些音乐活泼、优美，因此孩子们一听到这些音乐就非常兴奋，有的孩子还会手舞足蹈、摇头晃脑地跳起来。傣族的《孔雀舞》音乐优美、抒情，给人一种优雅的感觉，因此，在活动中幼儿一听到这个音乐就会模仿孔雀走、饮水、拖翅，幼儿对这个舞蹈的基本动作也很快地就掌握了。

选择幼儿感兴趣的音乐和舞蹈教材，这直接关系到活动的成败，也是达到预期教学目标的前提条件，是提高幼儿对舞蹈感兴趣的基础。

二、从幼儿感受舞蹈作品着手

幼儿思维发展的特点是从感性认识到理性认识，由具体到抽象。因此，幼儿感受舞蹈作品必须以感性知识为主，更多地依赖于主动、直观的形象。

在活动中我们就利用多种形式、教育手段来让幼儿感受舞蹈作品，让幼儿能逐步投入舞蹈这种意境中去。我们在让幼儿学习民族舞蹈的时，民族舞蹈的音乐有的热情奔放、有的以豪爽见长、有的韵律含蓄。因为幼儿对这些民族舞蹈的音乐一无所知，因此我们在教学习跳民族舞之前，我们就利用多种形式让幼儿了解各民族舞蹈的不同风格。如在学习藏族舞《我的家在日喀则》时，我们就利用图片、录像等多种方法，来让幼儿感受藏族舞的豪放、动作的刚劲有力。蒙古舞是草原生活的艺术化，舞蹈表现的是一种阳刚之美。因此，在学习蒙古舞的时候，我们先让幼儿了解蒙古人的生活习俗、蒙古人的穿着打扮，在了解的基础上我们再让幼儿来学习蒙古舞的一些基本动作。这样不仅仅让幼儿学习了动作，从中还让幼儿了解了蒙古人粗犷、热情的性格特点。又如在学习新疆舞《青春舞曲》时，我们先让幼儿初步了解新疆，感受新疆舞的风格，然后再学着跳舞。只有在感受作品的基础上，才能使幼儿真正地感受到舞蹈艺术的美。孩子们在活动中也较为容易接受，从中还激发幼儿对中华民族的热爱之情，从而激发幼儿学习舞蹈的兴趣。

三、从舞蹈中来陶冶幼儿的性格和品德

对幼儿开展良好的舞蹈教育，使幼儿在轻松、活泼、愉快的环境中通过身体动作去感受音乐形象，通过表情、动作表达自己的思想感情，易使幼儿形成活泼、开朗、热情、大方的性格，《纲要》中也指出，幼儿对喜怒哀乐都容易产生共鸣，他们会在音乐和舞蹈中流露出热烈的感情，而音乐又是兴奋的语言，对幼儿有极大的感染力。因此，幼儿舞蹈也是幼儿形成良好性格的重要工具。舞蹈教学对幼儿品德的形成也是十分重要的。如《学做解放军》通过各种动作，培养幼儿勇敢、不怕困难的精神，爱憎分明的情感。如《采茶舞》中，通过舞蹈表现小姑娘去茶园采茶，与小伙伴们一起劳动，然后跳起了欢乐的采茶舞，最后带着劳动的喜悦回家的场景，以此培养幼儿爱劳动、团结友爱的好品质。还通过民族民间舞的学习，可以培养幼儿热爱祖国、热爱集体、热爱舞蹈的感情。我们发现那些平时不愿意表现自己的小朋友都纷纷舞起了手脚，甚至上了舞台。

四、在舞蹈活动中启发幼儿的想象力

舞蹈活动离不开想象，在舞蹈活动中发展幼儿的想象力是很重要的。我们的教育目的就是造就幼儿的创新思维，幼儿身上有着丰富的创造力和敏感的思维能力。因此，我们在幼儿学会舞蹈的基础上，在了解了舞蹈的风格、情绪、节奏的基础上，我们就组织幼儿通过想象，对舞蹈进行创编，让幼儿用已掌握的知识技能进行创造。如幼儿在掌握藏族舞《我的家在日喀则》的基础上，我们就让幼儿根据自己的水平，根据音乐的旋律、节奏来创编其他的动作。当幼儿做出动作后我们通过及时表扬、及时鼓励，来激发幼儿对舞蹈的表现力和创造力，还增强了他们表演的愿望，从而提高了幼儿对舞蹈的兴趣。

舞蹈能启迪智慧、陶冶幼儿性格和品德。我们要让孩子喜欢它，对它感兴趣，在舞蹈教学的过程中，我们要继续探索出更有效的教育方法，使每位幼儿对舞蹈都感兴趣。

良好师幼互动，构建高效课堂

——浅谈语言教学活动中的师幼互动

李　萍

摘要：“师幼互动”是这几年在幼儿教育中提出的一种教育观念，特别是新《纲要》中更是处处体现出师幼互动的教育理念，因为教育本身就表现为教师和幼儿之间的互动。风靡世界的意大利瑞吉欧艾米利亚出版的《儿童的一百种语言》一书中谈到教师角色时，曾运用了一句形象的比喻——“接过孩子抛过来的球”，这句话表达了师幼关系间的深刻含义。《幼儿园教育指导纲要》中明确指出：师幼互动是幼儿园教育的基本表现形态，存在于幼儿一日生活之中，表现在幼儿园教育的各个领域，并对幼儿发展产生难以估量的重要影响。著名的教育家蒙台梭利也认为：教育的基本问题，不是教什么和学什么的问题，而是建立成人和儿童之间的关系问题。在幼儿园的语言教学活动中，如何构建高效课堂、使幼儿有效学习的一个关键性的重要因素，就是是否建立起良好的师幼互动关系。

关键词：语言教育活动　师幼互动　高效课堂　有效学习

语言教学活动中师幼之间经常会存在一种灌输与被灌输的关系，出现教师讲得多，导的多，忽视幼儿的主动表达。其实，教师与幼儿之间应是互相影响、双向交流的同伴关系，教师应充分调动幼儿参加活动的积极性，使教育过程成为有效的师幼互动过程，从而构建高效课堂，使幼儿有效的学习。

《幼儿园教育指导纲要》明确提出:“师幼互动是幼儿园教育的基本形态,它贯穿于幼儿一日生活的各个环节,表现在幼儿园教育的各个领域,是促进幼儿全面发展的关键因素。”有效的师幼互动是构建高效课堂的基础,那么在语言教学活动中我们应该怎样构建有效的师幼互动呢？在实践中,结合工作实践谈一谈我的做法:

一、创设宽松的语言环境,是师幼互动的基础,是构建高效课堂的前提

《幼儿园教育指导纲要》明确提出“语言能力是在运用的过程中发展起来的,发展幼儿语言的关键是创设一个能使他们想说、敢说、喜欢说、有机会说并能得到积极应答的环境”。幼儿语言发展需要平等、自由、宽松的心理环境,需要和谐默契的师幼关系,新的教育观要求我们将自己定位在与幼儿平等的地位,真正做到和幼儿有心灵的沟通和对话。

1. 以幼儿为主体

为了建立有效的师幼互动,构建高效课堂,教师要转换其角色。在语言教学活动中,要摒弃过去由教师讲,幼儿听的传统教育模式,应该始终体现幼儿的主体地位,充分发挥幼儿在语言学习过程中的积极性和主动性。教师对幼儿的作用和影响只有通过幼儿主体的参与和反应才能产生积极作用。教师要树立起“一切为了幼儿”的观念,尊重幼儿,全方位为幼儿的发展服务,通过教师的“教”来唤起幼儿的“学”,突出幼儿在学习中的主体地位。例如:在诗歌《魔术师》教学活动中,首先,我通过逐一出示直观形象的诗歌挂图,让幼儿直观地感知诗歌内容,请幼儿运用已有经验用语言描述图片、表达所见所想;然后,在总结幼儿语言的基础上引出诗歌内容,引导幼儿学习朗诵诗歌;接着再通过让幼儿亲手操作,用绘画的形式进行再创新,并把自己的创新内容按照诗歌的结构说给大家听。这时,每个幼儿都在积极地参与活动、都在有意识地关注着同伴的一言一行,由于来自同伴的激励和启发往往比教师的说教更能激起幼儿求知和探索的欲望。因此,每个幼儿都能通过伙伴之间的相互交流不断地产生新的思想火花,进而不断地进行新的探索。让幼儿更深入地去了解、掌握诗歌内容,从而充分体现

了幼儿在学习诗歌中的主体地位。

2. 平等的师生关系

教师要以“平视”的眼光看待幼儿。这种“平视”的眼光就是要真正地走进孩子的心灵世界，从孩子的视角去看待他们眼中的世界，这种以平等关系提供的支持最易与幼儿沟通，也最易被幼儿接纳，如：在故事“小熊让路”教学活动中，理解词汇“绕”时，如果单纯通过语言的解释，孩子肯定不易理解，于是我在自己正前方摆了一把小椅子，然后请一名幼儿站在我的正对面，让他“绕”过小椅子走到老师这儿来，幼儿一看便理解了“绕”的词义，而且印象深刻，在平日生活中经常把它运用到自己的语言中。

教师还应多与幼儿进行情感交流，在活动中走近幼儿，时常给幼儿一个会意的微笑或眼神，让幼儿感受到老师是同伴、是朋友、是与自己平等的，而不是高高在上的。例如：在谈话教学活动中，我会请幼儿坐成一个“C”字形，然后到幼儿中间去和他们一起交谈。幼儿非常喜欢这种谈话方式，因为这种方式能让他们感受到老师的亲切，感受到真的是在无拘无束的跟老师和小朋友聊天，从而优化幼儿的心境。

3. 把说的机会还给幼儿

幼儿的语言能力是在运用的过程中发展起来的，传统的语言教学以教师为中心，与幼儿保持单向交往，教学效果较差，所以我们一定要把教师的“一人说”改为“大家说”。在教学活动中，教师与幼儿要保持双向交往，充分调动幼儿说的欲望，同时也允许幼儿之间的交往。例如：在看图讲述“窗外的垃圾”活动中，我在出示图片后，请幼儿观察图片、然后描述图片内容，在完整的讲述单幅图片内容基础上，再请幼儿在小组中连贯讲述三幅图片的内容。整个活动过程中，我只向幼儿提出了几个讲述要求，在连贯讲述时示范了一遍，其他时间都请幼儿来讲，幼儿在不断的讲述过程中，语言的连贯性和完整性都有了很大提高。

二、关注并积极应答，是师幼互动的推动剂，是构建高效课堂的途径

《幼儿园教育指导纲要》指出：“教师应关注幼儿在活动中的表现和反

应，敏感地觉察他们的需要，及时以适当的方式应答，形成合作探究式的互动。”在语言教学活动中，教师更应关注每一位幼儿，给每位幼儿说的机会，并及时对幼儿的语言给予应答。

1. 面向全体

每位幼儿的语言发展都有自己的特点，教师在活动中既要做到面向全体，又要关注到个体差异。尤其是一些情绪不好、性格内向、不善于表达的幼儿，教师要付出更多的关爱和鼓励，多给他们具体的指导和帮助。语言活动中，多给幼儿开口的机会，提高他们说话的勇气。对学习障碍、口语能力较差的幼儿，可以适当降低要求，让他们从简单的词句说起，由易到难，对他们的点滴进步应及时肯定和表扬，使他们获得成就感，产生学习的动力。例如，在诗歌《魔术师》教学活动中，针对有的幼儿不善于用言语表达的现象，我通过给孩子一支“会说话”的笔，让他们通过绘画的形式来表达自己的思维和想法，然后鼓励他们大胆地说出自己的想法，并及时地对这些孩子进行一定的表扬鼓励，让他们获得成功感，从而产生语言学习的兴趣和欲望。

2. 抛接碰撞

风靡世界的意大利瑞吉欧艾米利亚出版的《儿童的百种语言》一书中谈到教师角色时，曾运用了一句形象的比喻“接过孩子抛过来的球”，这句话表达了师幼关系间的深刻含义。它指出了教师与幼儿之间的交往就像抛球、接球一样，一方把球抛出去，另一方把球接住，然后把球抛给对方或他人——这种不断抛球、接球的过程，十分恰当地反映了教师与幼儿之间互相应答的过程。例如：在诗歌《吹泡泡》教学活动中，引导幼儿创编诗歌时，有个孩子说：“我觉得树叶长在大树上，它是大树吹的泡泡。”我马上接过孩子的话说：“你观察的真仔细，能将自己身边的事情编到诗歌中，还有没有其他小朋友看到和别人不一样的呢？”在这种一抛一接的过程中，教师引导幼儿将关注的目光转移到自己的身边，用身边看到的景物进行创编，不仅幼儿的语言得到了提高，还调动了幼儿想象力和创造力的发展。因此，在语言活动中，教师要及时接住幼儿抛出的“球”，对幼儿的语言进行一种回应、肯定、总结或提升，使幼儿在这种互相应答互动过程中获得发展。

三、及时调整教育策略，是师幼互动的关键，是构建高效课堂的重点

在活动中，经常会出现幼儿的反应与教师预设的情形不一致的情况，这时施教者常会感到困惑：是尊重孩子的权利，顺应孩子的需要，及时调整构建师幼互动呢？还是强行把他们拉回预定的轨道？对此，我认为，教师应敏感地察觉他们的需要和反应，捕捉他们在活动中发出的有价值的信息，及时调整教育行为。如果能够抓住教育契机，及时地把握机会和幼儿进行有效互动，那么活动不仅能满足幼儿的兴趣和需要，同时也能提高教师根据实际情况及时调整的水平和能力。

1. 教学方法的调整

教无定法，贵在得法。在活动中我们应做到：真正关注幼儿的需要，给予幼儿充分发展的机会，适当调整自己的教育行为，若教师从活动中，能及时了解孩子的感受与需要，准确地找到孩子的“最近发展区”，通过灵活多变的方式帮幼儿解决困难，获得知识与体验，幼儿势必会得到适宜的富有个性化的发展。如：在诗歌《春雨》教学活动中，我预先给诗歌设计了一些动作，想这样有利于幼儿的记忆和表现。可是在教学中我发现，孩子们死板的跟着老师模仿的动作整齐划一，缺乏表现力、创造力，而且幼儿对这些动作也没有我想象中的那么感兴趣，孩子们在我眼光的注视下显得那么拘谨，我一边看一边想，是不是应该让幼儿自己来创编动作呢？于是我决定让幼儿根据自己的理解配上抒情的音乐尽情地表现，这时我发现孩子们不仅学习朗诵的兴趣高了而且也能大胆的展示自己了。有的双手合上，弯腰低头，然后直腰抬头手上举，这是种子正在发芽；有的胳膊伸直、上举，然后双手做小花动作，这是梨树在开花；还有的不停地挥动着手臂……这时我也情不自禁的加入其中，一堂生动的诗歌学习活动就这样诞生了。可见在我们预设的活动中，很多东西都不是一成不变的，尤其是预设活动中的师幼，应该随着幼儿的需要而灵活的、及时的调整。

2. 提问的有效性

在语言活动中，由于幼儿的兴趣点不稳定，要求老师能细心的观察到

幼儿在关注什么，把握好提问的时机和内容。在预设的问题不能引起幼儿的兴趣时，老师就要及时调整提问的内容和方式。要善于对幼儿的想法和意见适时回应，顺水推舟，抛出新的问题情境，引发幼儿群体共同讨论，扩大师幼互动的范围，引出更宽广的探究方式，使互动活动话题内容向纵深延续，生成更多有价值的互动内容。如在故事《三只蝴蝶》的教学中，在理解"三只蝴蝶相亲相爱不分开"一句时，我提出了问题"为什么三只蝴蝶谁都不愿意离开自己的朋友？"幼儿大部分的回答是"因为他们想和朋友一起玩""因为他们喜欢自己的朋友"而回答不出"他们要和好朋友团结友爱、一起面对困难"。于是，我迅速把问题调整为"当你的好朋友遇到困难时，你会怎样做？"请幼儿进行讨论，这时孩子们的讨论句句围绕团结友爱、相亲相爱。经过调整，这个问题不仅便于幼儿回答，而且调动了幼儿与朋友交往的已有经验，充分挖掘了故事教学中的情感教育。

总的来讲，语言教育活动中我注重创设宽松的心理氛围，走近幼儿的心灵，在了解他们的兴趣和爱好，了解他们的已有经验和认知水平的基础上，选择贴近幼儿生活的题材，在活动中，提供能吸引幼儿注意的环境和操作材料。同时，我善于观察幼儿在活动中的表现，善于捕捉幼儿发出的信息，真正走进幼儿的心灵与幼儿交流，有效地提高了语言教学活动质量，使幼儿在高效课堂中有效学习、在不知不觉中得到提高。

在幼儿园促进幼儿语言发展初探

张效苏

语言是人沟通的工具，也是促进人与人之间关系的纽带。心理学家研究认为：人学习各种知识都有最佳年龄期，3至6岁是学习语言的关键时期。这阶段的幼儿正是接受语言能力最强的时期，也是语言发展最迅速的时候。因此，如何抓住这阶段幼儿的年龄特点，把握好幼儿语言发展的最佳期，促进幼儿语言有效的发展尤为关键。作为幼儿教师，如何抓住幼儿在园的时间，最大化发展幼儿的语言是我一直努力研究的，经过了几年的工作，我总结了如下几点：

一、为幼儿创设良好的语言环境

幼儿是发展中的人，模仿是孩子的天性，他们总是潜移默化的学习成人的语言，尤其是教师的语言。孩子们认为老师说的都是对的，老师说的一定有道理，这也促使着我们必须不断地自我完善，说话时小心谨慎。

1. 在班级中创设良好的语言氛围

班级是教师和孩子们共同生活的地方，在班级中教师要以身作则，即使对孩子也要多用礼貌用语；其次，为了发展幼儿的语言表达能力，可以在班中创设一些小环境，如：我们班在语言区创设了"表情墙"，引导幼儿跟同伴交流自己的心情，说一说自己的开心事；在班级门口特别留出了位置，结合不同的主题创设分主题，如在"天冷我不怕"主题中创设"天冷怎样保暖"，让幼儿将自己找到的方法拍成照片放到主题版上，孩子们总是特别的兴奋的与同伴交流自己的方法，不仅发展了语言表达能力还培养了幼儿的自信心，我们也定期将内容进行，以这种形式增进幼儿间的交流。

2. 培养幼儿使用礼貌用语、仪态

中国是礼仪之邦，孩子们是祖国未来的希望，一个讲文明、懂礼貌的孩子一定会为人所喜爱。为了培养我们班孩子使用礼貌用语及仪态，在与孩子对话时我总是注意小节，如：当孩子帮我递东西时，我总是不忘双手接过并对他说声谢谢；在给孩子们发操作材料的时候也用双手递送；班级关门尽量轻轻，以润物细无声的方式培养幼儿学习和使用礼貌的用语及仪态。

3. 充分利用幼儿在园时间，让幼儿敢说、愿意说、多说

当我们从父母手中接过孩子时，也接到了责任。这责任中不仅是保育的责任，也有教育的责任。为了充分利用幼儿在园时间发展幼儿的语言能力，我认为首先是让幼儿敢于开口。对于班级内比较内向的孩子，我通过区角活动的指导和交流建立良好的师生关系，让他愿意与教师交流，通过肯定增强幼儿的自信心从而让他们愿意说，当幼儿愿意说以后，过给予孩子表达的机会，以此来慢慢培养和发展幼儿的语言表达能力。在幼儿入厕、洗手等等待时间，我常常利用谈话的形式引导幼儿进行交流，如午饭前可以全班幼儿一起说一说“我最喜欢吃的是……因为……”“我最喜欢的书是……里面有……”

4. 集体活动，提高全体幼儿的表达能力

幼儿园教育是面向全体的教育，集体教育活动的目的是使全体幼儿得到发展。在语言活动中，特别注重引导幼儿正确的发音、丰富幼儿词汇、体验抑扬顿挫的语调，感受语言的魅力。尤其是故事教学中，如果教师能根据故事内容将故事生动、有趣的讲述，孩子们在听的过程中也是一种学习。

二、教师的语言是激发幼儿的动力

1. 肯定孩子，避免“对不对”“是不是”

幼儿还处于单线思维的发展，他们不能准确的理解疑问句，有时教师无意间的反问还会让幼儿产生错误的理解，使幼儿失去信心。如：关于挑食这个问题，有的老师会说：“小朋友，你们看 ×× 小朋友青菜和肉一起搭配

吃，这样对不对？”这样的问题对于年龄小的孩子来说不易理解，可能有的孩子还会说“不对”，不如改成“青菜和肉一起搭配吃有营养”，这样肯定的语言更易于幼儿的理解，如果教师总习惯问对不对、是不是，那孩子的语言表达中也一定不会少了这些词。

2. 正面的语言引导幼儿的正确的发展方向

作为一名年轻的教师，我常常在反思自己的言行，时刻提醒自己多说正面的语言。我们班有个吃饭特别慢的小朋友，他的妈妈总是说：“他吃饭就是这么慢，说不听，真烦人！”我却对他的：“你真棒，今天吃饭又进步了。”每天的鼓励使他建立起信心，吃饭越来越好。我们有个孩子精力旺盛，一刻也闲不住，他的妈妈说：“老师，他就是不听话，整天到处跑，老是欺负别人，麻烦你们好好管管他。”，我把他抱在怀里对他说：“你真是个好孩子，今天上课你回答问题太棒了，如果你能好好走路，跟其他的小朋友交朋友的话，大家都会很喜欢你的。”开始他还偶尔乱跑，经过老师的指点，他在改变，小朋友们也看到了他的改变，他的妈妈也来说，真是太神奇了，他在家里居然不乱跑了。

三、融洽的师生关系是发展幼儿语言的关键

1. 师幼间的良好关系是幼儿语言发展的重要因素

建立在信任之上的语言交流，往往更真实、自然。当孩子害怕老师、不敢跟老师讲话时，也就失去了交流的意义。班里语言发展好的孩子，往往性格外向，活泼大方，他们敢说、愿意说；而那些平时不常来园，性格内向的孩子往往不会主动与老师交流，即使老师抱着他们聊天，他们也小心翼翼地回答，师幼间的互动起不到作用。

2. 良好的同伴关系是幼儿语言发展的关键

同伴的交流是幼儿最放松、最真实的一面，跟同龄人一起，他们更自如，通过与同伴在游戏中的交流，孩子们的语言发展的特别快，如：在班级娃娃家中，娃娃家里的爸爸和妈妈通过商量要带宝宝去什么地方玩、做什么饭等问题不仅发展了社会性，也对语言的发展和思维能力的提高。孩子们间的交流越多，孩子们的关系越融洽，班级越和谐，孩子的语言发展也越快。

四、积极开展活动，丰富幼儿的生活经验，使幼儿有话想说

1. 丰富的生活内容与经验是幼儿语言表达的源泉与基础

只有具备了丰富的生活经验与体验，幼儿才会有乐于表达和交流的内容，才会有话可说，有话想说。在幼儿园中，教师有意识的丰富幼儿的生活，帮助幼儿积累生活经验，对于小班刚入园的幼儿，他们对于幼儿园里的一切都是新鲜的。因此，我带他们参观幼儿园的大厅、伙房、操场，让孩子们认识幼儿园、了解幼儿园，慢慢地，孩子们喜欢上了幼儿园。

2. 适时的对幼儿进行鼓励，激发幼儿积极参与语言活动

现代教育观提倡赏识教育，在幼儿教育中尤其要多运用。在教育活动中，我及时对幼儿的回答进行评价，让幼儿得到正面积极的鼓励。我们班里有个特殊的孩子叫乐乐，由于他的父母都是聋哑人，所以乐乐很少开口说话，为了让乐乐能自信地表达，我每天都主动先跟他问好，开始乐乐对我的关心不予理睬，时间长了，乐乐好像被我的真诚所打动，开始回我以微笑，慢慢地，乐乐能对我说“好”！虽然这只是简单的一个字，但我还是大大地表扬了他，看着乐乐笑，我也发自内心地感到快乐。

3. 结合本班主题，有目的的引导幼儿观察

大自然是幼儿最好的伙伴，结合幼儿园的主题，有目的的引导幼儿观察大自然中的植物、动物、事物，丰富幼儿的多种感官，让幼儿在主动的观察中发现学习，如：当我们进行“春姑娘来了”这一主题时，通过春游活动，带幼儿到大自然中去感受春天，寻找春天，当幼儿领略了大自然后，便易于了解和认识春天，教育教学开展得更顺利。

五、创造条件学习和发展语言，使幼儿有话会说

1. 教育的生活化和活动的多样性相结合

幼儿的经验来自生活，他们在生活中发展各种能力，利用和同伴交流的时机，促进语言的学习。同伴间的相互交流是幼儿学习的重要途径之一，可以促进幼儿语言的发展。幼儿在交往中会调动已有经验，运用语言技巧去解决生活中的实际问题。我们应多为幼儿提供与同伴交流的机会，使幼儿在交往中感受语言带来的乐趣，能够更主动完整的用语言表达出自己内

心的想法。

2. 将语言教育和游戏活动相合，提高语言交流的能力

游戏是幼儿的天性，也是幼儿最喜爱的活动之一。将语言活动与游戏结合起来，可以为幼儿营造宽松的游戏氛围，培养幼儿主动运用语言、主动交往的兴趣。尤其在区角活动中材料的选择、规则的制定以及角色的分配等方面，都需要幼儿互相交流自己的观点，共同讨论，最终达成一致。

总之，教幼儿学习说话是一种艺术，我们只有在不断探索、实践中才能发现其中无数的奥妙，才能更有针对性地对幼儿实施教育，使孩子一个个敢说话，爱说话，会说话，真正成为语言的主动学习者、建构者，通过为幼儿创设敢说、想说、会说的语言环境和交流表达的机会，让幼儿感受到交往的快乐。

参考文献

[1] 中华人民共和国教育部. 幼儿园教育指导纲要(试行)[M]. 北京:北京师范大学出版社,2014.

[2] 青岛市教育局. 青岛市幼儿园素质教育指导纲要 EB]. [2009-09-17]. http://www.sn.qdedu.net/newsInfo.aspx?pkId=12594.

[3] 中华人民共和国教育部. 幼儿园工作规程[EB]. [2016-03-01]. http://www.moe.edu.cn/srcsite/A02/s5911/moe_621/201602/t20160229_231184.html.

[4] 郑艺. 运动·快乐·健康——幼儿快乐运动教学探究[M]. 上海:上海教育出版社,2010.

[5] 中华人民共和国教育部. 3~6 岁儿童学习与发展指南[M]. 北京:首都师范大学出版社,2014.

[6] 单中惠,朱镜人. 外国教育经典解读[M]. 上海:上海教育出版社,2007.

[7] 苏霍姆林斯基. 怎样培养真正的人[M]. 蔡汀,译. 北京:教育科学出版社,1992.

[8] 胡卫,唐晓杰. 中国教育现代化进程研究[M]. 北京:教育科学出版社,2010.

[9] 于曼. 小班幼儿入园焦虑问题初探[J]. 中国校外教育,2009,8.

[10] 黄志敏. 小班幼儿入园分离焦虑的个案研究与分析[J]. 学前课程研究,2007,7.

[11] 应灵敏,郭薇. 小班幼儿入园焦虑全攻略[J]. 时代教育,2009,3.

[12] 刘晶波．师幼互动行为研究．南京：南京师范大学出版社，1999，12.
[13] 于涌．幼儿语言发展与教育．东北：东北师范大学出版社，1995，3.
[14] 李小邕，莫源秋．新时期幼儿教师的角色与扮演．南宁：广西人民出版社，2004，7.
[15] 祝士媛．学前儿童语言教育．北京：北京师范大学出版社，1995.

后 记

一缕晨曦初绽，天空溢满了霞光。在这金秋九月，丹桂飘香的日子里，恰逢本书定稿的时候。

怀着感恩的心，我们厚积前行，积蓄力量，为“教五幼”的明天贡献自己的一份力量！在本书编写的过程中，虽然繁琐、艰苦，但它汇集了“教五幼”所有教师辛勤劳动、心血汗水与智慧。在“教五幼”20周年园庆之际，我们献上这份厚礼，既是对20年来所有教师用岁月凝聚成的教育智慧、专业感悟的沉淀，也是见证和收获一份份自己与孩子共同成长的幸福生活、教育历程……就让我们走进“教五幼”，分享教师们的心路历程，共同仰望心中那片璀璨的星空。

在编写本书的过程中，我们得到有关领导和专家的大力支持和具体指导。特别令我们感动的是原天津市教育科学研究院基础教育研究所原所长王敏勤同志对本书进行了审阅和具体指导，并欣然为本书写了序，让这本书变得厚重而精彩。同时感谢各级领导及社会各界教育专家的悉心指导和专业支持。感恩之情难以言表，谨致以最崇高的敬意。

由于我们的水平有限，书中不足之处在所难免，恳请专家、同仁及读者批评指正。

青岛市市南区教育第五幼儿园全体教师